# KOMPLETNÍ REGIONÁLNÍ VAŘENÍ ANGLIE

100 léty prověřených receptů z anglického bohatého kulinářského gobelínu

Soňa Urbánková

# OBSAH _

# ÚVOD

Vítejte v „Kompletní Regionální Vaření Anglie", váš kulinářský pas k prozkoumání 100 časem prověřených receptů z bohaté anglické kulinářské tapisérie. Tato kuchařka je oslavou rozmanitých chutí, tradičních jídel a kulinářského dědictví, které definují regionální kuchyně Anglie. Vydejte se s námi na cestu, která přesahuje ikonické fish a chips, a zve vás ochutnat autentické a časem prověřené recepty, které zdobí anglické stoly po generace.

Představte si kuchyni plnou svůdné vůně vydatného dušeného masa, voňavých koláčů a sladkých dobrot inspirovaných různými oblastmi Anglie. „Kompletní Regionální Vaření Anglie" je více než jen sbírka receptů; je to objevování místních surovin, kulinářských tradic a regionálních specialit, díky kterým je anglická kuchyně tak rozmanitá a oblíbená. Ať už máte kořeny v Anglii, nebo prostě oceníte chutě britské kuchyně, tyto recepty jsou vytvořeny tak, aby vás inspirovaly k tomu, abyste znovu vytvořili autentické chutě každého regionu.

Od klasických cornwallských paštik až po yorkshire pudinky, každý recept je oslavou charakteristických chutí a kulinářských technik, které charakterizují anglická regionální jídla. Ať už plánujete uklidňující jídlo pro příjemnou noc nebo pořádáte hostinu inspirovanou Británií, tato kuchařka je vaším oblíbeným zdrojem pro zvládnutí umění anglické regionální kuchyně.

Připojte se k nám a procházejte rozmanitou krajinou Anglie, kde každý výtvor je svědectvím jedinečných kulinářských tradic a časem prověřených receptů, které utvářely gastronomickou identitu země. Takže si nasaďte zástěru, přijměte teplo anglické pohostinnosti a vydejte se na lahodnou cestu „Kompletní Regionální Vaření Anglie".

# SNÍDANĚ

# 1.Klasická klobása a vaječný muffin

## SLOŽENÍ:

- 2 anglické muffiny, rozdělené a opečené
- 4 vepřové snídaňové klobásové placičky
- 2 plátky sýra čedar
- 2 vejce
- Máslo, na vaření
- Sůl a pepř na dochucení

## INSTRUKCE:

a) Klobásové placičky uvařte podle návodu na obalu nebo do úplného uvaření.

b) V pánvi na středním plameni rozpustíme máslo.

c) Rozklepněte vejce do pánve a vařte na požadovanou úroveň propečení. Dochuťte solí a pepřem.

d) Na spodní polovinu každého opečeného anglického muffinu položte klobásovou placičku.

e) Každou klobásovou placičku položte plátkem sýru čedar.

f) Na sýr položte vařené vejce.

g) Navrch položte druhou polovinu opečeného anglického muffinu a vytvořte sendvič.

## 2.Anglická ovesná kaše

## SLOŽENÍ:
- 4 šálky vody
- 1 lžička soli
- 1 šálek ocelového ovsa (anglický oves)
- 4 lžičky hnědého cukru

## INSTRUKCE:
a) Ve středním hrnci na středně vysokém ohni smíchejte vodu a sůl. Přivést k varu. Postupně za stálého míchání přidávejte ovesné vločky.
b) Snižte teplotu na minimum a vařte. Často míchejte, dokud se voda nevsákne a oves není krémový, asi 30 minut. Uvařený oves rozdělíme do 4 misek. Na každou misku ovsa nasypte 1 lžičku hnědého cukru.
c) Ihned podávejte

# 3.Kompletní anglická snídaně

## SLOŽENÍ:
- 2 plátky anglické slaniny
- 2 Lorne (čtvercové) klobásy
- 2 velká vejce
- 1 plátek černého pudinku
- 1 plátek bílého pudinku
- 1 rajče, rozpůlené
- Pečené fazole
- Toast (volitelné)

## INSTRUKCE:
a)   Na pánvi opečte anglickou slaninu do křupava.

b)   Klobásy Lorne opečte na stejné pánvi, dokud nezhnědnou z obou stran.

c)   V samostatné pánvi uvařte plátky černého a bílého pudinku, dokud se nezahřejí.

d)   Půlky rajčat grilujte nebo opékejte do mírného změknutí.

e)   Na třetí pánvi uvařte vejce podle chuti.

f)   Upečené fazole prohřejeme v hrnci.

g)   Naservírujte všechny komponenty na talíř a vychutnejte si je s toastem, pokud chcete.

# 4.Anglická omeleta

**SLOŽENÍ:**
- 6 malých vajec
- 1 lg. vařené brambory; kaše
- Vymačkejte citronovou šťávu
- 1 lžíce nasekané pažitky nebo jarní cibulky
- Sůl a pepř
- 1 lžíce másla

**INSTRUKCE:**
a) Vejce oddělíme a žloutky vyšleháme: přidáme k bramborové kaši, důkladně promícháme, poté přidáme citronovou šťávu, pažitku, sůl a pepř.
b) V pánvi na omeletu rozpustíme máslo.
c) Z bílků ušleháme tuhý sníh a vmícháme ho do bramborové směsi.
d) Směs uvařte dozlatova, poté vběhněte pod brojler a nafoukněte ji.
e) Podávejte najednou.

# 5.Anglické bramborové placky

## SLOŽENÍ:

- 1 šálek bramborové kaše
- 2 šálky mouky
- 1 lžička soli
- 1 polévková lžíce prášku do pečiva
- 2 rozšlehaná vejce
- 1 šálek mléka
- 4 lžíce světlého kukuřičného sirupu
- 1 lžíce muškátového oříšku

## INSTRUKCE:

a) Nečekejte, že to budou jako americké palačinky, ale mají vynikající chuť.

b) Smíchejte všechny přísady. Dobře prošlehejte. Pečeme na vymazaném plechu z obou stran dohněda.

# 6.Knot nízký Lívanec

## SLOŽENÍ:

- 4 vejce
- 600 mililitrů mléka
- 4 unce čerstvé strouhanky
- 1 lžíce petrželky, nasekané
- 1 špetka nasekaného tymiánu
- 2 lžíce nasekané pažitky nebo jarní cibulky
- 1x Sůl a pepř
- 2 lžíce másla

## INSTRUKCE:

a) Lehce rozklepněte vejce, přidejte mléko, strouhanku, bylinky a koření a dobře promíchejte.

b) Na pánvi rozehřejte 1 polévkovou lžíci másla do zpěnění, poté vlijte směs a na mírném plameni vařte, dokud není zespodu hnědá a jen položte navrch.

c) Na dokončení vložíme pod gril.

d) Podávejte nakrájené na měsíčky s kouskem másla na každou porci.

# 7.Tradiční anglická snídaně

## SLOŽENÍ:

- 8 plátků anglické slaniny
- 4 anglické klobásy
- 4 plátky Black Pudding
- 4 plátky bílý pudink
- 4 vejce
- 4 média Rajčata; Rozpůlený
- 4 Soda Farls
- Sůl a pepř na dochucení

## INSTRUKCE:

a) Vložte klobásy do pánve a opečte je ze všech stran dohněda. Na výpeku ze slaniny orestujeme rajčata s plátky pudinku.

b) Ohřejte sodovku v kapání, dokud nebude opečená. Vejce uvařte podle potřeby a všechna připravená jídla položte na jeden talíř, abyste je mohli podávat teplé.

c) Všechna masa mohou být grilovaná, spíše než smažená, ale ztratíte chuť z odkapávání pro vejce a sodový chléb.

# 8.Anglické snídaňové koláčky

## SLOŽENÍ:

- 1½ šálku celozrnné mouky
- ⅓ šálku celozrnné mouky
- ¾ šálku pšeničné otruby
- 1 lžička prášku do pečiva
- 2 lžíce sojového margarínu
- 2 lžíce kukuřičného sirupu
- 1 hrnek bramborového nebo sójového mléka

## INSTRUKCE:

a) Smíchejte suché přísady . Přidejte margarín a dobře promíchejte. Přidejte sirup a tolik mléka, aby vzniklo sypké těsto.

b) Vyklopte na pomoučněnou desku a hněťte do hladka.

c) Vyválejte do čtverce o tloušťce asi ¾ palce.

d) Těsto nakrájejte na polovinu, pak na čtvrtiny a poté na osmičky.

e) Pečeme na lehce pomoučeném plechu při 400 F asi 20 minut. Ochlaďte na mřížce. Rozdělte a podávejte s konzervami z celého ovoce.

# 9.Anglická snídaňová klobása

## SLOŽENÍ:

- 2½ šálku čerstvého bílého chleba cr ummbs
- ½ šálku mléka
- 2½ libry libového vepřového masa
- 2½ libry Vepřový bůček nebo tučný vepřový zadek, chlazený
- 1 polévková lžíce Plus
- 2 lžičky soli
- 2 lžičky čerstvě mletého pepře
- 2 lžičky tymiánu
- 2 vejce
- 8 yardů připravených střev, asi 4 unce

## INSTRUKCE:

a) Ve střední misce namočte strouhanku do mléka. Maso a tuk společně umeleme, nejprve nahrubo a poté najemno. Vložte maso do velké mísy.

b) Přidejte sůl, pepř, tymián, vejce a změklou strouhanku. Dobře promíchejte rukama, dokud se důkladně nespojí. Najednou pracujte asi se čtvrtinou klobásové náplně a střívka volně naplňte klobásovou náplní. Zaštípněte a zkrouťte na 4palcové články a rozřízněte, abyste je oddělili. Při plnění zbývajících klobás dejte do lednice.

c) VAŘENÍ: Párky po celém povrchu propíchněte, aby slupka nepraskla, na pánev dejte tolik párků, aby se vešly do jedné vrstvy, aniž by se naplnily. Zalijte asi půl palcem vody, přikryjte a vařte na mírném ohni 20 minut. Slijte tekutinu a vařte odkryté za obracení, dokud klobásy nejsou rovnoměrně opečené asi 10 minut. Necháme okapat na papírových utěrkách a podáváme horké.

# 10.Anglická bramboračka

## SLOŽENÍ:

- 1/2 libry / asi 3 šálky brambor, oloupaných, uvařených a ještě horkých
- 1/2 lžičky soli
- 2 lžíce másla, rozpuštěného
- 1/2 šálku univerzální mouky

## INSTRUKCE:

a) Je důležité připravovat bramboráky, dokud jsou brambory ještě horké: to zajistí, že budete mít lehký a chutný výsledek.

b) Rýži nebo brambory velmi dobře rozmačkejte, dokud nebudou žádné hrudky.

c) V misce dobře promíchejte brambory se solí; poté přidejte rozpuštěné máslo a znovu dobře promíchejte. Nakonec přidejte mouku, zapracujte tolik, aby vzniklo lehké a vláčné těsto.

d) Vyklopte těsto na lehce pomoučený povrch a vyválejte do zhruba podlouhlého tvaru, asi 9 palců na délku a 4 palců na šířku a asi 1/4 palce na tloušťku. Ořízněte okraje, dokud nebudete mít úhledný obdélník: pak znovu seřízněte tak, abyste měli čtyři nebo šest trojúhelníků.

e) Zahřejte suchou pánev nebo pánev na středně rozpálenou. Poté opečte farlové trojúhelníky z každé strany dozlatova. Obvykle to trvá asi pět minut na každé straně.

f) Hotové bramboráky dejte stranou na talíř pokrytý utěrkou/utěrkou a pečte, dokud nebudou všechny hotové. Poté přes ně přehoďte ručník, abyste je zakryli. Trocha páry, která z nich jde, je pomůže udržet měkké.

g) Pak si udělejte anglickou snídani nebo ulsterskou smažit a orestujte farls na másle nebo oleji, který používáte na zbytek jídla. Pokud máte více anglických bramboráků, než můžete použít, mrazí se velmi dobře: stačí je nejprve dát do Tupperware nebo podobné plastové nádoby.

# 11.Anglická ďábelská vejce

## SLOŽENÍ:

- 12 natvrdo vařených vajec
- 2 plátky Corned Beef, nakrájené na kostičky
- 1/2 šálku zelí, nakrájené na kostičky
- 1/2 šálku majonézy
- 2 lžíce dijonské hořčice
- Sůl podle chuti
- Mrkev, strouhaná na ozdobu
- Petržel, mletá na ozdobu

## INSTRUKCE:

a) Vejce uvařená natvrdo rozkrojíme napůl. Vyjmeme žloutky a dáme do mísy.

b) Zelí pečte v mikrovlnné troubě 30 sekund až minutu, dokud nezměkne.

c) Ke žloutkům přidejte majonézu a dijonskou hořčici a ponorným mixérem rozmixujte žloutky s přísadami do krémova.

d) Přidejte jemně nakrájené hovězí maso a zelí za stálého míchání do směsi vaječných žloutků, dokud se zcela nespojí.

e) Sůl podle chuti.

f) Směs vmícháme do půlek bílků

g) Ozdobte mrkví a petrželkou.

## 12.Sendviče s vaječným salátem

## SLOŽENÍ:

- 4 plátky sendvičového chleba
- 2 unce másla na namazání na chleba
- 2 vejce natvrdo
- 1 romské rajče nebo 2 malá drobná rajčata
- 2 zelené cibule jarní cibulky v Irsku
- 2 listy máslového salátu
- ⅛ šálku majonézy
- ⅛ lžičky soli
- ⅛ lžičky pepře

## INSTRUKCE:

a) Začněte přípravou náplně pro tyto sendviče. Rajčata rozpůlíme a vydlabeme semínka a dužinu a vyhodíme. Vnější dužinu rajčat nakrájejte na kousky o velikosti ½ cm.

b) Zelenou cibuli nakrájíme na velmi tenké plátky.

c) Listy salátu nakrájíme najemno a natvrdo uvařená vejce rozmačkáme.

d) Smíchejte rozmačkané vejce natvrdo, nakrájená rajčata, zelenou cibulku, salát a majonézu.

e) Náplň dochutíme solí a pepřem podle chuti.

f) Vařené vejce natvrdo, zelená cibulka, hlávkový salát, rajčata a majonéza jako náplň do sendviče s vaječným salátem

g) Každý pár plátků chleba natřete máslem na vzájemně se dotýkajících stranách.

h) Náplň rozdělíme na dvě části a potřeme máslem potřenou stranu dvou krajíců chleba. Každý sendvič položte na párovaný plátek chleba namazaný máslem.

i) Z každého sendviče odřízněte vrchní kůrku. Rozdělte na čtyři trojúhelníky tak, že každý sendvič rozkrojíte dvěma křížícími se diagonálními řezy.

j) Uspořádejte na sendvičový talíř a podávejte s horkým čajem a stranou s hranolky nebo lupínky.

# 13.Skotská vejce

**SLOŽENÍ:**

- 6 velkých vajec
- 1 libra (asi 450 g) klobásového masa (vepřové maso nebo směs vepřového a hovězího masa)
- Sůl a černý pepř podle chuti
- 1 hrnek víceúčelové mouky, na bagrování
- 2 velká vejce, rozšlehaná (na obalování)
- 1 hrnek strouhanky
- Rostlinný olej, na smažení

**INSTRUKCE:**

**VEJCE NA tvrdo:**

a) Vejce dejte do hrnce a zalijte vodou.

b) Přiveďte vodu k varu, poté snižte teplotu a vařte asi 9–12 minut.

c) Po uvaření vejce zchladíme pod tekoucí studenou vodou a oloupeme.

**PŘIPRAVTE KLOBÁKOVOU SMĚS:**

d) Uzeninu v misce ochutíme solí a černým pepřem.

e) Uzeninu rozdělte na 6 stejných porcí.

**ZABALTE VEJCE:**

f) Část klobásového masa zploštíme v ruce.

g) Doprostřed položte oloupané natvrdo uvařené vejce a kolem vejce vytvarujte klobásu, ujistěte se, že je zcela zakryté.

h) Každé vejce obalené klobásou obalíme v mouce a setřeseme přebytek.

i) Vejce obalená moukou namočte do rozšlehaných vajec, čímž zajistíte rovnoměrnou vrstvu.

j) Vejce obalte ve strouhance, dokud nebude zcela pokrytá.

**SMAŽTE SKOTSKÁ VEJCE:**

k) Zahřejte rostlinný olej ve fritéze nebo velké hluboké pánvi na 350 °F (180 °C).

l) Obalené vejce opatrně vložíme do rozpáleného oleje a smažíme do zlatova, občas otočíme, aby se uvařilo.

m) Vyjměte a položte na papírové ubrousky, aby odsál přebytečný olej.

n) Před podáváním nechte skotská vejce mírně vychladnout.

o) Rozřízněte je na polovinu, abyste odhalili střed lahodné klobásy a vajec.

p) Podávejte s přílohou hořčice, kečupu nebo vaší oblíbené omáčky.

# 14.Vegetariánská anglická snídaně

## SLOŽENÍ:

- 4 vejce
- 1 šálek žampionů, nakrájených na plátky
- 2 rajčata, rozpůlená
- 2 šálky hash brown (koupené v obchodě nebo domácí)
- 1 plechovka pečených fazolí
- Sůl a pepř na dochucení
- Máslo, na vaření

## INSTRUKCE:

a) Upečené fazole prohřejte v hrnci na středním plameni.

b) Na pánvi na másle orestujte houby do zlatova.

c) Hash browns uvaříme podle návodu na obalu.

d) V samostatné pánvi opečte rozpůlená rajčata do mírného změknutí.

e) Vejce připravte vámi preferovaným způsobem (smažené, míchané nebo pošírované).

f) Vejce dochutíme solí a pepřem.

g) Všechny uvařené suroviny naaranžujte na talíř.

h) Podávejte s přílohou toastu nebo grilovaného chleba.

# 15.Uzený losos a avokádový toast

## SLOŽENÍ:

- 4 plátky celozrnného chleba
- 150 g uzeného lososa
- 1 zralé avokádo, nakrájené na plátky
- 4 sázená vejce
- Čerstvý kopr, na ozdobu
- Klínky citronu, k podávání
- Sůl a pepř na dochucení

## INSTRUKCE:

a) Plátky celozrnného chleba opečte podle své chuti.
b) Na každý toast položíme plátky uzeného lososa.
c) Navrch dejte nakrájené avokádo.
d) Uvařte vejce na požadovanou úroveň propečenosti.
e) Navrch každého toastu položte sázené vejce.
f) Dochuťte solí a pepřem.
g) Ozdobte čerstvým koprem.
h) Podávejte s měsíčky citronu na boku pro citrusový nádech.

# PŘEDKRMY A SVAČINKY

# 16.Černý pudink

## SLOŽENÍ:

- 1 libra vepřových jater
- 1½ libry nevyškvařeného sádla, nakrájeného
- 120 tekutých uncí prasečí krve
- 2 libry strouhanky
- 4 unce ovesné vločky
- 1 střední cibule, nakrájená
- 1 lžička soli
- ½ lžičky nového koření
- 1 hovězí střívka

## INSTRUKCE:

a) Játra dusíme ve vroucí osolené vodě do měkka. Vyjměte játra a nasekejte. Rezervujte si likér na vaření. Smíchejte všechny ingredience ve velké míse. Důkladně promíchejte, dokud se nesmíchá. Naplňte střívka směsí. Zavažte do jednostopých smyček. Napařujte 4-5 hodin.

b) Nechte vychladnout. Podle potřeby nakrájejte na ½ palcové plátky a smažte na rozpáleném tuku z obou stran dokřupava.

# 17.Anglická hospoda sýrový dip

## SLOŽENÍ:

- 14 uncí anglického čedaru
- 4 unce smetanového sýra
- 1/2 šálku světlého piva anglického typu (Harp Lager)
- 1 stroužek česneku
- 1 1/2 lžičky mleté hořčice
- 1 lžička papriky

## INSTRUKCE:

a) Nalámejte čedar na kousky a vložte do kuchyňského robotu. Pulse pro rozlámání čedaru na malé kousky.

b) Přidejte smetanový sýr, pivo, česnek, mletou hořčici a papriku. Pyré do úplného hladka. Oškrábejte stěny mísy a v případě potřeby znovu promíchejte. Podávejte s pita chipsy, chlebem, sušenkami, zeleninou nebo plátky jablek.

# 18.Anglické kávové muffiny

## SLOŽENÍ:

- 2 šálky mouky
- 1 lžíce prášku do pečiva
- ½ lžičky soli
- ½ šálku cukru
- 1 vejce, rozšlehané
- ⅓ šálku másla, rozpuštěného
- ½ šálku těžké smetany, nešlehané
- ¼ šálku anglické whisky
- ¼ šálku kávového likéru

## INSTRUKCE:

a) Předehřejte troubu na 400 F.
b) Prosejte první 4 ingredience spolu.
c) Vmíchejte zbývající přísady , dokud nezvlhnou.
d) Formičky na muffiny vyložené papírem naplníme a pečeme asi 20 minut.

# 19.Anglické nachos s Reubenem

## SLOŽENÍ:

### DRESINK TISÍC OSTROVŮ:

- 2 1/2 lžíce odtučněného čistého řeckého jogurtu
- 1 1/2 lžičky kečupu
- 2 lžičky sladkého nálevu
- 3/4 lžičky bílého octa
- 1/4 lžičky horké omáčky
- 1/8 lžičky česnekového prášku
- 1/8 lžičky cibulového prášku
- 1/8 lžičky košer soli

### BRAMBORY:

- 1 1/2 libry červenohnědých brambor, vydrhnutých
- 1 lžíce extra panenského olivového oleje
- 3/4 lžičky česnekového prášku
- 3/4 lžičky cibulového prášku
- 3/4 lžičky košer soli
- 1/8 lžičky černého pepře

### REUBEN TOPPING:

- 3 unce extra libové lahůdkové hovězí maso, nakrájené
- 1 šálek strouhaného švýcarského sýra se sníženým obsahem tuku
- 1/4 - 1/3 šálku kysaného zelí, okapané
- jemně nasekanou petrželkou (pokud je to žádoucí), na ozdobu

**INSTRUKCE:**

a) Předehřejte troubu na 475ºF.

b) Ve střední misce smíchejte přísady na dresink Řecký jogurt, kečup, dochucovadlo, ocet, pálivá omáčka, 1/8 lžičky česnekového prášku, 1/8 lžičky cibulového prášku a 1/8 lžičky košer soli. Zakryjte a chlaďte, dokud nebude potřeba (lze připravit až dva dny předem).

c) Brambory nakrájejte rovnoměrně na plátky o tloušťce 1/8 palce. (Pokud chcete, můžete k tomu použít maolínu, ale já používám kuchařský nůž. V každém případě je klíčové je nakrájet velmi rovnoměrně, aby se rovnoměrně propekly.)

d) Ve velké míse promíchejte plátky brambor s olivovým olejem, dokud nebudou rovnoměrně pokryty. Posypte brambory 3/4 lžičky česnekového prášku, 3/4 lžičky cibulového prášku, 3/4 lžičky košer soli a černého pepře. Znovu promíchejte, abyste se ujistili, že koření je rozmístěno velmi rovnoměrně. Možná zjistíte, že je nejjednodušší to udělat rukama, než míchací lžící.

e) Plátky brambor položte na dva plechy vyložené pečicím papírem, rozložte je a ujistěte se, že se nedotýkají ani nepřekrývají.

f) Plátky brambor pečte 12-14 minut. Přesné doby pečení se mohou lišit, pokud nejsou vaše bramborové plátky nakrájené na 1/8" nebo pokud nemají stejnoměrnou tloušťku. Pravidelně je kontrolujte: hledáte teplý, nahnědlý, toastový kousek barvy na dně z vašich plátků, ale nechcete, aby se spálily.

g) Opatrně otočte všechny plátky a pokračujte v pečení na druhé straně dalších asi 5-8 minut, znovu pravidelně kontrolujte, zda jsou hotové. Pokud jsou některé z vašich plátků tenčí než jiné, mohou být hotové dříve a možná je budete chtít vyjmout na talíř, zatímco ostatní plátky budou pokračovat v pečení.

h) Když jsou vaše brambory hotové, navršte je na hromádku doprostřed jednoho plechu na pečení a vrstvěte je s navařeným hovězím masem, sýrem a kysaným zelím. Vraťte nachos do trouby ještě asi na 5 minut, aby se polevy prohřály a sýr se rozpustil.

i) Pokud chcete, ozdobte nachos petrželkou a podávejte s dresinkem Thousa Isla. (Navrch můžete pokapat dresink, podávat vedle nebo obojí.)

# 20.Guinness kukuřičné hovězí posuvníky

**SLOŽENÍ:**
- 4 libry zavařené hovězí hrudí s balíkem koření
- 1 šálek mražené perlové cibule nebo bílé cibule (ořezané a oloupané)
- 4 stroužky česneku
- Volitelně: 1-2 bobkové listy
- 2 1/2 šálku vody
- 11,2 unce točené pivo Guinness (1 láhev)
- 12 havajských rohlíků
- 1 balení směsi coleslaw
- 2–3 lžíce čerstvého kopru, nasekaného
- Dijonská hořčice na pomazání dle libosti
- Volitelně: majonéza na potření
- Baby Kosher koprové okurky (celé)

**INSTRUKCE:**

a) Přidejte cibuli a česnek do vnitřního ocelového hrnce tlakového hrnce. Nahoru přidejte drátěnou mřížku. Do hrnce nalijte pivo Guinness a vodu. Na kovovou mřížku položte napečenou hovězí hruď, tukem dolů. Vršek masa posypeme kořením. V případě potřeby přidejte 1-2 bobkové listy. Pomocí kleští otočte hovězí maso tak, aby tukový uzávěr směřoval nahoru.

b) Opatrně otevřete víko tlakového hrnce. Zvedněte kovový tác, na kterém je maso. Přeneste nakukované hovězí maso na talíř. Odstraňte bobkové listy, cibuli a pevné látky. Tekutinu přecedíme. Jeden šálek si rezervujte pro případ, že by bylo potřeba na posypání masa, aby nevyschlo.

c) Hovězí maso nakrájíme na tenké plátky.

d) Vodorovně nakrájejte havajské rohlíky na polovinu.

e) Spodní polovinu každé rolky potřete vrstvou hořčice. Pokud chcete, potřete vrchní polovinu housky trochu majonézy.

f) Na spodní housku položte 2-3 plátky uzeného hovězího masa. Maso posypeme čerstvě nasekaným koprem. Do každého přidejte 1/4 šálku salátu coleslaw.

g) Umístěte horní poloviny havajských rohlíků na posuvníky.

h) Ozdobte každý plátek hovězího nálevem z baby kopru. Propíchněte párty sendviče uprostřed dřevěnými párátky, které vám pomohou udržet vše pohromadě.

# 21.Guinness glazované masové kuličky

## SLOŽENÍ:
## MASOVÉ KOULE
- 1 lb. mletého krůtího nebo hovězího masa
- 1 c. panko strouhanka
- 1/4 c. Guinness
- 1/4 c. nakrájená cibule
- 1 vejce, lehce rozšlehané
- 1 lžička sůl
- 1/8 lžičky. pepř

## GUINNESSOVÁ OMÁČKA
- 2 lahve Guinness
- 1/2 c. kečup
- 1/4 c. Miláček
- 2 polévkové lžíce melasa
- 2 lžičky dijonská hořčice
- 2 lžičky sušená mletá cibule
- 1 lžička česnekový prášek
- 4 lžičky kukuřičný škrob

## INSTRUKCE:
a)   Na masové kuličky: Smíchejte všechny ingredience ve střední míse. Dobře promíchejte.

b)   Vytvarujte kuličky o průměru 1 1/2 palce (použil jsem malou naběračku na sušenky) a položte na pečicí plech s okrajem vyloženým hliníkovou fólií a postříkaný nepřilnavým sprejem.

c)   Pečeme na 350° 20-25 minut.

d)   Na omáčku: Smíchejte všechny ingredience kromě kukuřičného škrobu ve středním hrnci. Metla.

e)   Přiveďte k varu, občas promíchejte.

f)   Snižte teplotu na mírný plamen a vařte 20 minut.

g)   Přišleháme kukuřičný škrob a dále dusíme 5 minut nebo do zhoustnutí.

h)   Přidejte masové kuličky do omáčky.

## 22.Anglické hospodské paštiky

## SLOŽENÍ:

- 1 cibule
- 1/3 hlávkového zelí
- 4 malé mrkve
- 8 malých červených brambor
- 4 zelené cibule
- 1 pórek
- 4 lžíce másla
- 3 vejce
- 1 lžíce hnědé hořčice
- 1/2 lžičky tymiánu
- 1/4 lžičky pepře
- 1/2 lžičky soli
- 1/4 lžičky mleté hořčice
- 1 8 uncový balíček strouhaného sýra mozzarella
- 4 unce strouhaného parmazánu
- 5 chlazených rolovaných koláčových kůrek
- 1 libra mletého hovězího masa volitelná

**INSTRUKCE:**

a) Pokud používáte mleté hovězí maso, opečte hovězí maso na velké pánvi, poté sceďte, vyjměte z pánve a dejte stranou. Nakrájejte cibuli, mrkev a brambory. Zelí nakrájíme na malé kousky. Pórek a zelenou cibulku nakrájíme na tenké plátky

b) Ve velké pánvi rozehřejte na středním plameni 4 lžíce másla. Smažte cibuli, zelenou cibulku a pórek do měkka - přibližně 6 minut. Přidejte zelí, mrkev a brambory. Pokračujte ve vaření na středním plameni dalších 5 minut.

c) Snižte teplo na minimum; přikryjeme a dusíme 15 minut. Odstraňte z tepla. Mezitím vyjměte koláčové kůry z chladničky a předehřejte troubu na 375 stupňů.

d) Ve velké míse rozšlehejte 3 vejce, hořčici a koření. Odeberte 1 lžíci vaječné směsi a rozšlehejte s 1 lžící vody; dát stranou. Přidejte zeleninu, hovězí maso a sýr do vaječné směsi a dobře promíchejte.

e) Rozbalte koláčové kůry a nakrájejte na čtvrtiny pomocí vykrajovátka na pizzu.

f) Chcete-li připravit paštiky, položte jeden klínek kůry na plech pokrytý pergamenovým papírem. Umístěte kopeček zeleninové směsi na střed klínku a poté přiklopte druhým klínkem.

g) Okraje přitiskněte vidličkou, aby se uzavřely, a poté potřete směsí vejce a vody. Pečte asi 20 minut nebo dokud není kůrka zlatavě hnědá.

# 23.Anglické klobásové rolky

**SLOŽENÍ:**

- 3 pláty listového těsta
- 1 vejce rozšlehané na pomazání těsta
- Klobásová masová náplň
- 1 libra mletého vepřového masa
- 1 lžička sušeného tymiánu
- ½ lžičky sušené majoránky
- ½ lžičky sušené bazalky
- ½ lžičky sušených listů rozmarýnu
- 1 lžička sušené petrželky
- ½ lžičky sušené šalvěje
- ⅛ lžičky soli
- ⅛ lžičky černého pepře
- 1 hrnek strouhanky
- 1 stroužek česneku nasekaný
- 1 vejce rozšlehané
- ¼ lžičky sušeného fenyklu volitelně

**INSTRUKCE:**

a) Koření, sůl a pepř umelte v mlýnku na kávu.

b) Přidejte mleté koření a mletý česnek ke strouhance ve velké míse a promíchejte.

c) Do ochucené strouhanky přidejte mleté vepřové maso a prsty promíchejte. Přidejte polovinu rozšlehaného vejce a důkladně promíchejte, dokud se masová směs nezačne lepit. Přebytečné vejce vyhoďte.

d) Pomocí rukou válejte klobásu a vytvořte 4 válcové tvary o tloušťce asi ¾ palce a délce 10 palců. Maso dejte stranou.

e) Předehřejte troubu na 400 stupňů F. Velký plech vyložte pečicím papírem.

f) Rozmražený plát listového těsta otevřeme na pomoučené ploše. Nakrájejte na 3 proužky asi 3 palce široké a 10 palců dlouhé.

g) Umístěte 3 palcový kousek předem vytvořeného klobásového masa na pečivo těsně k okraji. Těsto omotejte kolem masa tak, aby se spodek překrýval o jeden palec.

h) Roládu nakrájejte a poté ji srolujte zpět a potřete spodní vrstvu rozmýšleným vejcem. Znovu srolujte a zalepte spodní šev.

i) Ostrým nožem vyřízněte dva diagonální ½ palce zářezy v horním povrchu role. Postup opakujte a vytvořte 18 válečků klobásy.

j) Připravené kolečka klobásy položte na plech v řadách a jeden palec od sebe. Vršek těsta potřeme rozšlehaným vejcem.

k) Pečte v troubě vyhřáté na 400 stupňů F po dobu 20 minut. Snižte teplotu na 350 stupňů a pečte dalších 5 minut.

l) Vyjměte z trouby, když je nahoře zlatavě opečené. Klobásy ochlaďte na mřížce.

# KOUŠKY A CHLÉB

# 24.Pikantní sýrové koláčky

## SLOŽENÍ:

- 225 g hladké mouky
- 2 zarovnané lžičky prášku do pečiva
- Špetka soli
- ¼ lžičky hořčice
- 50 g másla
- 75 g strouhaného čedaru
- 1 velké vejce
- 4 PL smetanového mléka
- Extra mléko na glazování

## INSTRUKCE:

a) Troubu předehřejeme na 220° C. Prosejeme mouku, prášek do pečiva, sůl a hořčici. Vetřete máslo, dokud směs nebude připomínat jemnou strouhanku. Vmícháme nastrouhaný sýr.

b) Rozšleháme vejce a přidáme mléko. Uprostřed suchých surovin udělejte důlek a spojte tekuté. Vyklopte na pomoučněnou desku. Lehce prohněteme a vykrajovátkem nakrájíme na kolečka. Položte na vymazaný plech.

c) Potřete směsí vajec a mléka a pečte 12–15 minut nebo dozlatova a propečené.

# 25.Anglický sodový chléb

## SLOŽENÍ:

- 12 uncí/340 g hladké mouky celozrnné nebo bílé
- 1/2 lžičky soli
- 1/2 lžičky hydrogenuhličitanu sodného
- 1/2 šálku podmáslí

## INSTRUKCE:

a) Všechny suché ingredience smíchejte dohromady a poté suché ingredience propasírujte přidat vzduch. Poté uprostřed suché směsi udělejte důlek a přidejte polovinu podmáslí a jemně promíchejte. Přidejte zbytek podmáslí a lehce prohněťte, aby se zapracovalo.

b) Pokud se vám směs při použití celozrnné mouky zdá suchá a těžká, přidejte ještě trochu podmáslí. Bude se vám lepit na ruce, varujte.

c) Těsto dejte na moukou vysypanou desku a opatrně z něj vypracujte kulaté těsto a poté přeneste na plech. Naříznete do horní části chleba poměrně hluboko kříž, aby "vypustily víly" a poté vložte do trouby na 40 až 45 minut. Chcete-li zkontrolovat, zda je chléb upečený, lehce poklepejte na dno, pokud zní dutě, pak je hotov.

d) Můžete přidat všechny druhy přísady do směsi sodového chleba, sýr a cibuli, kousky slaniny, ovoce jako rozinky, sušené brusinky a borůvky, ořechy, semínka v podstatě cokoliv, co chcete, abyste vytvořili sladký nebo slaný chléb.

# 26.Anglický pšeničný chléb

**SLOŽENÍ:**

- 500 g (1lb 2oz) hrubé celozrnné mouky
- 125 g (4 1/2 oz) hladké mouky plus navíc na posypání
- 1 lžička jedlé sody
- 1 lžička soli
- 600 ml (1 pinta) podmáslí a v případě potřeby trochu navíc
- 1 lžíce světle hnědého cukru
- 1 polévková lžíce rozpuštěného másla plus navíc na vymaštění pánve
- 2 lžíce zlatého sirupu

**INSTRUKCE:**

a) Předehřejte troubu na 200 °C - 400 °F a vymažte 2 x bochníkové formy.

b) Vezměte velkou mísu a prosejte do mísy mouku spolu s jedlou sodou a solí. Uprostřed této suché směsi udělejte malou jamku a přidejte podmáslí, hnědý cukr, rozpuštěné máslo a zlatý sirup.

c) Jemně mícháme, dokud se všechny ingredience nespojí. Poté směs rozdělte do formiček a posypte jimi preferované polevy.

d) Pečte asi hodinu, v polovině zkontrolujte, zda se pánve nemusí obracet nebo že bochníky příliš nezhnědnou. Pokud jsou, trochu snižte teplo.

e) Chcete-li zkontrolovat, zda jsou upečené, jednoduše vysuňte z formy a poklepejte na dno chleba, pokud zní dutě, bude hotový. Pokud je připraven, umístěte jej na chladicí rošt. Vychladlé podávejte s velkým množstvím másla.

# 27.Angličtina Nebo Dublin Rozmazlit

## SLOŽENÍ:

- 1 polévková lžíce rostlinného oleje
- 450 g klobás
- 200 g slaniny, nakrájené na nudličky
- 1 cibule, nakrájená na kostičky
- 2 mrkve, nakrájené na plátky
- 1 kg nebo 2,5 lb brambor, oloupaných a nakrájených na plátky
- Čerstvě mletý černý pepř
- 500 ml kuřecího vývaru můžete použít kostku vývaru rozpuštěnou v horké vodě
- 1 bobkový list

## INSTRUKCE:

a) Zahřejte troubu předehřátím na 170 °C nebo 325 °F. Zatímco se to zahřívá, rozehřejte olej na pánvi a opékejte klobásy. K opečeným klobáskám přidejte slaninu a 2 minuty opékejte.

b) Polovinu klobás a slaniny dejte na dno kastrolu a poté přidejte polovinu cibule, mrkve a brambor. Tuto vrstvu dochuťte solí a pepřem. Na to pak vytvořte další vrstvu se zbytkem párků, slaniny a zeleniny, nezapomeňte i tuto vrstvu okořenit.

c) Po dochucení celý kastrol zalijte rozehřátým vývarem a přidejte bobkový list. Přikryjte pokličkou a vařte 2 hodiny, poté poklici sejměte a vařte dalších 30 minut.

d) Necháme asi 5 minut odstát v troubě, podle chuti posypeme petrželkou a podáváme.

# 28.Anglický Chléb Se Zakysanou Smetanou

## SLOŽENÍ:

- 2½ šálku prosáté univerzální mouky
- 2 lžičky prášku do pečiva
- 1 lžička soli
- ½ lžičky jedlé sody
- ¼ šálku Zkrácení
- ½ šálku cukru
- 1 vejce; zbitý
- 1½ šálku naší smetany
- 1 šálek rozinek
- ½ šálku rybízu

## INSTRUKCE:

a) Předehřejte troubu na 375 stupňů. Do mísy prosejeme mouku, prášek do pečiva, sůl a sodu. Dát stranou.

b) Ztužený krém a cukr do světlé a nadýchané hmoty.

c) Přidejte vejce a zakysanou smetanu. Dobře promíchejte. Vmícháme do moučné směsi.

d) Míchejte, dokud se dobře nesmíchá. Vmícháme rozinky a rybíz. Lžící vložíme do vymazaného 2-litrového kastrolu. Pečte 50 minut.

e) Zakryjte hliníkovou fólií a pečte o 10 minut déle nebo dokud nebudou hotové.

# 29.Anglický farmářský bochník

## SLOŽENÍ:

- 8 uncí mouky
- 4 unce cukru
- 8 uncí Smíšené sušené ovoce
- ½ každé nastrouhané kůry z citronu
- 2 lžíce másla
- ½ lžičky soli
- 2 lžičky prášku do pečiva
- 1 špetka jedlé sody
- 1 každé vejce, rozšlehané
- 1¼ šálku podmáslí

## INSTRUKCE:

a) Smícháme mouku, cukr, ovoce, citronovou kůru, máslo, prášek do pečiva a sodu.

b) Přidejte rozšlehané vejce a podmáslí, abyste vytvořili pěkné měkké těsto; dobře prošlehejte a vlijte do vymazané 2 kilové ošatky.

c) Pečte při 300 F po dobu 1 hodiny, nebo dokud to nebude hotové pomocí špejle.

# 30.Anglický ovesný chléb

## SLOŽENÍ:

- 1 1/4 šálku univerzální mouky; rozdělené, do 1
- 2 lžíce tmavě hnědého cukru; pevně zabaleno
- 1 lžička prášku do pečiva
- 1 lžička jedlé sody
- ½ lžičky soli
- 2 lžíce másla; změkčil
- 2 šálky Celozrnné mouky mleté v kameni
- 6 lžic ovesných vloček
- 1½ šálku podmáslí
- 1 vaječný bílek; pro zasklení
- 2 lžíce drceného ovsa; na kropení

## INSTRUKCE:

a) Ve velké míse prošlehejte 1 hrnek mouky, tmavě hnědý cukr, prášek do pečiva, jedlou sodu a sůl. Směs rozetřete mezi prsty, aby se cukr rovnoměrně rozložil.

b) Do směsi nakrájejte máslo pomocí mixéru na pečivo nebo dvěma noži, dokud směs nebude připomínat jemné drobky.

c) Vmícháme celozrnnou mouku a oves. Uprostřed směsi udělejte důlek a postupně přidávejte podmáslí za mírného míchání, dokud směs důkladně nezvlhne. Pomocí zbývající ¼ šálku mouky, po troškách, těsto lehce poprašte a vytvořte kouli. Lehce hněteme a podle potřeby přidáváme mouku, dokud těsto není hladké a pružné, asi 6-8 hnětení.

d) Předehřejte troubu na 375 stupňů a velký plech lehce vymažte tukem. Z těsta vytvarujte hladkou kulatou kouli a vložte do středu připraveného plechu. Jemně zatlačte míč do silného 7palcového disku. Ostrým nožem nařízněte na vrch těsta velký kříž. Lehce ušlehejte bílek do pěny a lehce, ale rovnoměrně potřete bochník, aby zesklovatěl. Nebudete muset použít celý bílek.

e) Ovesné vločky nasekejte nahrubo v kuchyňském robotu nebo mixéru a rovnoměrně posypte bílkovou polevou.

f) Pečte ve středu předehřáté trouby 40–45 minut, nebo dokud bochník pěkně nezhnědne a při bouchnutí nezní dutě. Ihned vyjměte bochník na mřížku, aby vychladl.

# 31.Anglický jogurtový chléb

## SLOŽENÍ:

- 4 šálky mouky
- ¾ lžičky jedlé sody
- 3 lžičky prášku do pečiva
- 1 lžička soli
- 1 šálek rybízu
- 2 lžíce kmínu
- 2 vejce
- 1 šálek obyčejného nízkotučného jogurtu; smíšený

## INSTRUKCE:

a) Suché ingredience smíchejte dohromady. Přidejte rybíz a kmín; Přidejte vejce.

b) Přidejte směs jogurtu a vody a míchejte, dokud se nevytvoří lepivé těsto.

c) Na dobře pomoučené ploše hněťte 1 minutu, poté vytvarujte kouli a vložte do dobře vymazaného kulatého kastrolu.

d) Ostrým nožem naznačte uprostřed křížek a pečte v troubě při 350 °C 1 hodinu a 15 minut, než chléb vyjmete z kastrolu, poté jej nechte vychladnout na mřížce. K podávání nakrájejte na tenké plátky.

e) Dobře mrazí a je nejlepší den po upečení

# 32.Anglický celozrnný sodový chléb

## SLOŽENÍ:

- 3 hrnky mouky, celozrnné
- 1 šálek mouky, univerzální
- 1 lžíce Sůl
- 1 lžička jedlé sody
- ¾ lžičky prášku do pečiva
- 1½ šálku podmáslí, jogurtu nebo mléka zakysaného citronovou šťávou

## INSTRUKCE:

a) Smíchejte suché ingredience a důkladně promíchejte, aby se soda a prášek do pečiva rozprostřely, poté přidejte tolik podmáslí, aby vzniklo měkké těsto, ale dostatečně pevné, aby drželo tvar.

b) Hněťte na lehce pomoučené desce 2 nebo 3 minuty, dokud nebude zcela hladké a sametové. Vytvarujte kulatý bochník a vložte do dobře vymazané 8palcové dortové formy nebo na máslem vymazaný plech.

c) Velmi ostrým pomoučeným nožem nařízněte na horní části bochníku kříž.

d) Pečte v předehřáté troubě na 375 °C 35–40 minut, nebo dokud bochník pěkně nezhnědne a nezní dutě, když se na něj klepe kolínka.

# 33.Anglický pivní chléb

**SLOŽENÍ:**

- 3 šálky Samokypřící mouky
- ⅓ šálku cukru
- 1 láhev anglického piva

**INSTRUKCE:**

a) Smíchejte přísady v misce.
b) Těsto nalijte do vymazané formy a pečte při 350 stupních po dobu jedné hodiny.
c) Podávejte horké.

# 34.Anglický chléb Barmbrack

## SLOŽENÍ:

- 1⅛ šálku vody
- 3 šálky chlebové mouky
- 3 lžičky lepku
- 1½ lžičky soli
- 3 lžíce cukru
- ¾ lžičky sušené citronové kůry
- ¾ lžičky mletého nového koření
- 1½ lžíce másla
- 2 lžíce sušeného mléka
- 2 čajové lžičky aktivního suchého droždí Red Star
- ¾ šálku rozinek

## INSTRUKCE:

a)   Vložte všechny ingredience do chlebové formy v pořadí podle pokynů výrobce .

b)   Vznikne tak hustý bochník střední velikosti (6-7 palců vysoký). Pro nadýchanější vyšší bochník přidejte droždí na 2 ½ lžičky.

c)   Suroviny mějte pokojové teploty. V případě potřeby ohřejte vodu a máslo v mikrovlnné troubě na 50-60 sekund na vysokou teplotu.

d)   Přidejte ¼ šálku rozinek 4 minuty do prvního cyklu.

e)   Zbývající rozinky přidejte těsně po odpočinku a na začátku druhého hnětení.

## 35.Anglický pihový chléb

## SLOŽENÍ:

- 2 chleby
- 4¾ každý Na 5 3/4 šálků neprosévané mouky
- ½ šálku cukru
- 1 lžička soli
- 2 balení sušeného droždí
- 1 šálek bramborové vody
- ½ šálku margarínu
- 2 vejce, pokojová teplota
- ¼ šálku bramborové kaše, pokojová teplota
- 1 šálek rozinek bez semínek

## INSTRUKCE:

a) Ve velké míse důkladně promíchejte 1½ hrnku mouky, cukr, sůl a nerozpuštěné droždí. V hrnci smíchejte bramborovou vodu a margarín.

b) Zahřívejte na mírném ohni, dokud není tekutina teplá – margarín se nemusí rozpouštět. Postupně přidávejte k suchým ingrediencím a šlehejte 2 minuty při střední rychlosti elektrickým šlehačem za občasného seškrabávání mísy. Přidejte vejce, brambory a ½ šálku mouky nebo tolik mouky, aby vzniklo husté těsto. Vmíchejte rozinky a dostatek další mouky, aby vzniklo vláčné těsto.

c) Vyklopte na pomoučněnou desku. Hněteme, dokud nebude hladké a elastické, asi 10 minut. Vložíme do vymazané mísy a těsto obracíme na tuk.

d) Přikryjte a nechte kynout, dokud nezdvojnásobí objem. Těsto protlačte dolů. Vyklopíme na lehce pomoučněnou desku.

e) Těsto rozdělte na 4 stejné díly. Každý kousek vytvarujte do štíhlého bochníku, dlouhého asi 8 ½ palce. Vložte 2 bochníky vedle sebe do každé ze 2 vymaštěných 8 ½ x 4 ½ x 2 ½ palcových forem na bochníky. Pokrýt. Necháme kynout na teplém místě bez průvanu, dokud nezdvojnásobí objem.

f) Pečte v předehřáté troubě na 375 F po dobu 35 minut, nebo dokud nebude hotová. Vyjměte z pánví a ochlaďte na mřížkách. Colorado Cache Cookbook (1978) Ze sbírky Jima Vorheise

# 36.Kořeněný chléb

## SLOŽENÍ:

- 10 uncí mouky
- 2 lžičky prášku do pečiva
- ½ lžičky jedlé sody
- 1 lžička Směs koření
- ½ lžičky mletého zázvoru
- 4 unce světle hnědého cukru
- 2 unce nakrájené kaované kůry
- 6 uncí rozinek, hladké nebo zlaté
- 4 unce másla
- 6 uncí zlatého sirupu
- 1 velké vejce, rozšlehané
- 4 lžíce mléka

## INSTRUKCE:

a) Mouku prosejeme se sodou a práškem do pečiva a smíchané koření a zázvor: poté přidáme hnědý cukr, nasekanou kůru a rozinky: promícháme.

b) Uprostřed udělejte studnu. Na mírném ohni rozpustíme máslo se sirupem a poté nalijeme do prohlubně se směsí. Přidejte rozšlehané vejce a mléko a velmi dobře promíchejte. Nalijte do vymazané 2 lb chlebové formy a pečte v předehřáté troubě na 325 F po dobu 40-50 minut, nebo dokud nebude test hotový. Tento chléb vydrží vlhký několik dní a během tohoto období se skutečně poněkud zlepší.

# HLAVNÍ CHOD

# 37.Anglický šampion

## SLOŽENÍ:

- 5 brambor dobré velikosti
- 1 šálek zelené cibule
- 1 hrnek mléka nejlépe plnotučného
- 55 gramů slaného másla
- sůl (podle chuti)
- bílý pepř (podle chuti)

## INSTRUKCE:

a) Naplňte hrnec bramborami a zalijte vodou, ve které je kulatá lžička soli. Brambory vařte, dokud se neuvaří, pro urychlení vaření stačí brambory nakrájet na menší kousky.

b) Zatímco se brambory vaří, nakrájejte najemno zelenou cibulku. Zelenou část si nechte stranou od bílé.

c) Slijte vodu z brambor a ujistěte se, že je všechna voda odstraněna. Poté do hrnce přidejte máslo a mléko a brambory jemně rozmačkejte. Po rozmačkání promíchejte bílé části cibule a dochuťte solí a bílým pepřem podle chuti. Vyjměte všechen Champ do misky k podávání.

d) Před podáváním navrch posypte nakrájenou zelenou cibulkou a užívejte.

## 38.Colcannon Se Zelí Nebo Kapusta

## SLOŽENÍ:

- 1 kg/2,5 lbs brambor, oloupaných
- 250 g/1/2 lb nakrájeného zelí nebo kadeřavého kapusty, dobře omyté a nakrájené na jemné plátky, silné stonky vyhoďte
- 100 ml/1 šálek + 1 lžíce mléka
- 100 g/1 šálek + 2 lžíce másla
- Sůl a čerstvě mletý černý pepř

## INSTRUKCE:

a) Oloupané brambory dejte na pánev a zalijte vodou s lžičkou soli. Přiveďte k varu a poté vařte do měkka.

b) Zatímco se brambory vaří, uvařte zelí nebo kapustu. Vložte 1 polévkovou lžíci másla do těžké pánve a rozpusťte, dokud nebude jen bublat. Přidejte nakrájenou kapustu nebo kapustu se špetkou soli. Umístěte na pánev poklici a vařte na vysoké teplotě po dobu 1 minuty.

c) Zeleninu promíchejte a vařte další minutu, poté slijte veškerou tekutinu a dochuťte solí a pepřem.

d) Brambory slijeme a rozmačkáme s trochou mléka a 1 lžící másla, poté vmícháme kapustu nebo zelí a dochutíme solí a pepřem.

# 39.Kuřecí A Pórkový Koláč

## SLOŽENÍ:
- 6 uncí křehkého těsta
- 1 kuře, asi 4 lb
- 4 plátky šunkový steak
- 4 velké pórky, očištěné/nakrájené
- 1 cibule
- Sůl a pepř
- 1 špetka mletého muškátového oříšku nebo muškátového oříšku
- 300 mililitrů kuřecího vývaru
- 125 mililitrů Dvojitá smetana

## INSTRUKCE:
a) Vypracujeme těsto a necháme na chladném místě odležet.

b) Do hluboké misky o objemu 1 – 1,5 litru položte vrstvy kuřete, šunky, pórku a cibule nebo šalotky, přidejte muškátový oříšek, muškátový oříšek a koření, pak vrstvy opakujte, dokud není miska plná. Přidejte vývar, pak navlhčete okraje misky, než těsto rozválíte na požadovanou velikost.

c) Těsto položte na koláč a okraje dobře přitlačte. Zmáčkněte je vidličkou. Uprostřed udělejte malou dírku. Odřezky těsta vyválejte a navrch vytvořte list nebo růžičku. Umístěte to velmi lehce přes malý otvor. Pečivo potřete mlékem a pečte při mírné teplotě, 350 F, po dobu 25-30 minut.

d) Částečně upečené pečivo zakryjte vlhkým papírem odolným proti mastnotě, pokud se vám zdá, že povrch příliš hnědne.

e) Smetanu jemně zahřejte. Když je koláč upečený, vyjměte ho z trouby.

f) Opatrně sejměte růžici a otvorem nalijte krém. Vraťte růžici zpět a podávejte. (Tento koláč tvoří za studena lahodné měkké želé.)

# 40.Špalda A Pórek

## SLOŽENÍ:

- 50 g másla (4 lžíce).
- 3 pórky, nakrájené na tenké plátky
- listy několika snítek tymiánu, nasekané
- 1 bobkový list
- 350 g/12 oz (2 šálky) špaldových zrn
- 250 ml/8 fl oz (1 šálek) cider (tvrdý cider)
- 750 ml/25 fl oz (3 šálky) zeleninový vývar (vývar)
- 2 lžíce nasekané petrželky
- Mořská sůl

## INSTRUKCE:

a) Polovinu másla rozpusťte ve velké pánvi (pánvi) na středním plameni. Smažte pórek s tymiánem a bobkovým listem asi 5 minut, dokud nezměkne. Přidejte zrna špaldy a minutu povařte, poté přidejte cider a přiveďte k varu.

b) Přidejte vývar (vývar) a vařte 40 minut až 1 hodinu, dokud špalda není uvařená a měkká. V případě potřeby přidejte ještě trochu vody.

c) Sundejte z plotny a vmíchejte zbylé máslo a petrželku. Před podáváním okořeníme.

# 41.Treska Se šafránem A Rajčaty

## SLOŽENÍ:

- 1 lžíce řepkového (řepkového) oleje
- 1 cibule, nakrájená nadrobno
- 2 stroužky česneku, rozdrcené
- 150 g/5 uncí (asi 3 malé) brambor, oloupaných a nakrájených na kostičky
- 1 bobkový list
- 175 ml/6 fl oz (. šálek) sherry
- dobrá špetka šafránu
- 350 ml/12 fl oz (1. šálky) rybí vývar (vývar)
- 1 x 400 g (14 uncí) plechovka sekaných rajčat, rozmixovaných
- 600 g/1 lb 5 oz filet z tresky, zbavený kůže a kostí, nakrájený na kousky velikosti sousta
- 2 lžíce petrželky
- mořská sůl a čerstvě mletý černý pepř

## INSTRUKCE:

a)   Ve velké pánvi rozehřejte na středním plameni olej, přidejte cibuli a česnek, přikryjte a opékejte asi 5 minut, dokud nezměkne a nezbarví se. Dochutíme trochou soli.

b)   Přidejte brambory a bobkový list a několik minut vařte. Poté přidejte sherry, šafrán a rybí vývar (vývar). Vařte asi 15 minut, dokud nejsou brambory téměř měkké.

c)   Přidejte rajčata, snižte na mírný plamen a vařte 15 minut. Na poslední chvíli přidáme rybu a 1 minutu restujeme. Přidáme nasekanou petrželku a dochutíme solí a pepřem.

## 42.Pigeon A Tlustý

## SLOŽENÍ:

- 4 holubi, oškubaní a vykuchaní
- 4 lžíce řepkového (řepkového) oleje
- 75 g/2. oz (5. lžíce) másla
- pár snítek tymiánu
- 2 cibule, nakrájené
- 2 stroužky česneku, velmi jemně nasekané
- 250 g žampionů nakrájených na plátky
- 500 ml/17 fl oz (velkorysé 2 šálky) kuřecí vývar (vývar)
- 4 lžíce whisky
- 500 ml/17 fl oz (velkorysé 2 šálky) černý
- mořská sůl

## INSTRUKCE:

a) Holuby ochutíme mořskou solí. Ve velké pánvi rozehřejte na středním plameni 3 lžíce oleje, přidejte holuby a opečte. Po pár minutách přidejte máslo s tymiánem a nechte zkaramelizovat. Holuby pár minut podlévejte, dokud nezezlátnou. Vyjměte holuby z pánve a nechte odpočinout.

b) Pánev otřete papírovými utěrkami, máslo a tymián vyhoďte. Zbylý olej rozehřejte na pánvi na středním plameni a opékejte cibuli a česnek 3–4 minuty, dokud nebudou průhledné.

c) Ochuťte mořskou solí, přidejte houby a vařte 5–7 minut, dokud houby nezískají pěknou barvu. Přidejte kuřecí vývar (vývar), whisky a černý vývar.

d) Přiveďte k varu, snižte teplotu a vařte 30 minut.

e) Vraťte holuby do pánve, přikryjte a vařte dalších 20 minut, dokud nejsou holubi vařeni; vnitřní teplota masa by měla dosáhnout 65C/150F na masovém teploměru.

# 43.Jehněčí horký hrnec

## SLOŽENÍ:

- 750 g/1 lb 10 oz lb jehněčí plec, nakrájená na kostičky
- 50 g hovězího odkapaného
- 3 cibule, nakrájené na plátky
- 2 lžíce najemno nasekaného tymiánu
- 2 lžíce hladké (univerzální) mouky
- 750 ml/25 fl oz (3 šálky) jehněčí vývar (vývar), ohřátý
- 750 g/1 lb 10 oz lb (7 středních) brambor, oloupaných a nakrájených na tenké plátky
- 50 g másla, rozpuštěného
- mořská sůl a čerstvě mletý černý pepř

## INSTRUKCE:

a) Předehřejte troubu na 180C/350F/plyn Mark 4.

b) Jehněčí maso okořeníme černým pepřem a solí. Hovězí maso okapané v litinovém hrnci ohřejte na středním plameni, přidejte jehněčí maso a opékejte po dávkách 5–10, dokud nezezlátne. Vyjměte a uložte na teplé místo.

c) Do hrnce přidejte cibuli a polovinu tymiánu a vařte asi 5 minut, dokud nezměknou a nezezlátnou. Chcete-li udělat jíšku, přidejte mouku a vařte 2 minuty, aby se vytvořila sypká pasta. Postupně přilévejte teplý jehněčí vývar (vývar) a míchejte, dokud se jíška nerozpustí.

d) Opečené jehněčí vraťte do hrnce. Nahoru položte plátky brambor v kruhovém vzoru. Potřeme rozpuštěným máslem a dochutíme mořskou solí, černým pepřem a zbylým tymiánem.

e) Přikryjeme a pečeme v předehřáté troubě 45 minut. Během posledních 15 minut sejměte víko, aby brambory zhnědly.

# 44.Kuřecí vývar s mnoha dobrými věcmi

## SLOŽENÍ:

- 1,8 litru (3 pinty) dobře ochuceného a dobře odtučněného domácího kuřecího vývaru
- 225 g (8 oz) nevařeného nebo vařeného, drceného kuřete (raději používám hnědé maso)
- vločková mořská sůl a čerstvě mletý černý pepř
- 6 středních červených rajčat, nakrájených na 1 cm (1/2 palce) kostky
- 2–3 zralá avokáda Hass, nakrájená na 1,5 cm (2/3) kostky
- 2 střední červené cibule, nakrájené na 1 cm (1/2 palce) kostky
- 2 zelené chilli papričky Serrano nebo Jalapeño, nakrájené na tenké plátky
- 3 bio limetky, nakrájené na měsíčky
- 3–4 měkké kukuřičné tortilly nebo velký sáček kvalitních tortillových chipsů
- 4–6 lžic nahrubo nasekaných listů koriaru

## INSTRUKCE:

a) Kuřecí vývar dejte do široké 2,5litrové (4 1/2 pinty) pánve a přiveďte k varu

b) var. Ochutnejte a dochuťte solí a pepřem – vývar by měl mít plnou bohatou chuť, jinak bude polévka nevýrazná a nevýrazná.

c) Těsně před podáváním přidejte do horkého vývaru nakrájené kuře a jemně povařte, aby neztuhlo.

d) Vařené kuře stačí ve vývaru prohřát.

e) Syrové bílé maso se vaří 2–3 minuty a maso opékáme o něco déle – 4–6 minut. Podle chuti okořeníme.

# 45.Zelí A Slanina

## SLOŽENÍ:

- 2 malé savojské zelí
- 8 plátků slaniny
- Sůl a pepř
- 4 Celé bobule nového koření
- 300 mililitrů slaniny nebo kuřecího vývaru

## INSTRUKCE:

a) Zelí nakrájíme na poloviny a vaříme 15 minut v osolené vodě.

b) Sceďte a namočte na 1 minutu do studené vody, poté dobře sceďte a nakrájejte. Dno kastrolu vyložte polovinou proužků slaniny, na to dejte zelí a přidejte koření.

c) Přidejte tolik vývaru, aby byl sotva pokrytý, a navrch položte zbývající proužky slaniny. Přikryjte a vařte hodinu, dokud se většina tekutiny nevsákne.

# 46.Pečený plněný sledě

## SLOŽENÍ:

- 4 lžíce strouhanky (vrchní)
- 1 lžička petrželky, nasekané
- 1 malé vejce, rozšlehané
- 1 Šťáva a kůra z citronu
- 1 špetka muškátového oříšku
- 1 Sůl a pepř
- 8 sledi, očištěni
- 300 mililitrů Tvrdého cideru
- 1 Bobkový list, dobře rozdrobený
- 1 Čerstvě mletý pepř

## INSTRUKCE:

a) Nejprve si připravíme nádivku smícháním strouhanky, petrželky, rozšlehaného vejce, citronové šťávy a kůry, soli a pepře.
b) Směsí naplňte ryby. Položte těsně vedle sebe do ohnivzdorné nádoby; přidejte jablečný mošt, rozdrobený bobkový list a sůl a pepř.
c) Zakryjte alobalem a pečte při 350 F asi 35 minut.

# 47.Dušený celer

## SLOŽENÍ:

- 1 každý řapíkatý celer
- 1 každá střední cibule
- 1 lžička nasekané petrželky
- 2 plátky slaniny
- 10 tekutých uncí Stock
- 1x Sůl/pepř dle chuti
- 1 unce másla

## INSTRUKCE:

a) Celer očistíme, nakrájíme na jednopalcové kousky a dáme do zapékací misky.
b) Slaninu a cibuli nakrájíme nadrobno a posypeme celerem spolu s nasekanou petrželkou. Nalijte do zásoby. Tečka s kousky másla.
c) Mísu přikryjeme a pečeme ve středně vyhřáté troubě 30-45 minut.

# 48.Pět koření krustovaný losos s kysaným zelím

## SLOŽENÍ:

- ½ libry anglické slaniny
- 1 lžíce kmínu
- 1 velká cibule
- 1 švestkové rajče; nasekaný, s
- Semena a kůže
- 2 libry kysaného zelí; v případě potřeby vypustit
- 12 uncový ležák
- ¼ šálku semínek koriaru
- ¼ šálku semínek kmínu
- ¼ šálku semínek fenyklu
- ¼ šálku semínek černé cibule
- ¼ šálku semínek černé hořčice
- 4 filety lososa do 6 - (6 oz ea); kůže na, řez
- Ze střední části
- ¼ šálku rostlinného oleje

## INSTRUKCE:

a) Slaninu, kmín a cibuli poduste pět až sedm minut nebo dokud nezměknou, ale nezbarví se.

b) Přidejte rajče, kysané zelí a pivo a přiveďte k varu.

c) Snižte teplotu, aby se vařil a vařte přikryté po dobu jedné hodiny. Nechte vychladnout a uložte, dokud nebude potřeba. V chlazeném stavu vydrží až týden, aniž by se zkazil. Losos: Každé koření krátce rozmixujte v mixéru, aby se rozmělnilo, ale ne na prášek. Všechny je v míse dobře promíchejte. Každý kousek lososa namočte na straně kůže vodou. Každý kousek vydlabejte kůží dolů ve směsi koření.

d) Dát stranou. Mezitím si předehřejte těžkou pánev nebo pánev. Přidejte olej a poté přidejte kousky lososa kůží dolů a přikryjte těsně přiléhajícím víkem. Nechte je vařit čtyři minuty pouze z jedné strany, pro vzácné ryby.

e) Vařte déle, pokud chcete. Odkryjte pánev a vyjměte rybu na papírovou utěrku, aby mohla okapat. Lososa podáváme s horkým kysaným zelím.

# 49.Horké máslové mušle

## SLOŽENÍ:

- 2 pinty mušle
- 4 unce másla
- 1 Sůl a pepř
- 2 lžíce nasekané pažitky

## INSTRUKCE:

a) Mušle důkladně omyjte pod tekoucí vodou. Odstraňte "vousy" a vyhoďte všechny otevřené skořápky.

b) Vložte mušle do pánve a vařte při vysoké teplotě 7 až 8 minut, dokud se skořápky neotevřou. Dochuťte solí nebo pepřem. Vložíme do servírovací misky a přelijeme šťávou z vaření.

c) Potřeme kousky másla a posypeme nasekanou pažitkou. Podávejte s čerstvým hnědým chlebem a máslem.

# 50.Anglické skořicové brambory

## SLOŽENÍ:

- 8 uncí smetanového sýra, změkčeného
- 8 uncí kokosu
- 1 krabička (1 lb) 10X cukru
- 1 lžíce mléka
- 1 lžíce anglické whisky (nebo vanilky)
- Skořice

## INSTRUKCE:

a) Smíchejte dohromady smetanový sýr a cukr.
b) Poté přidejte zbytek ingrediencí (kromě skořice).
c) Vyválejte do ¾" kuliček. Obložte skořicí.
d) Nechte několik dní uležet. Pak si užívejte.

## 51.Anglická Vepřová Panenka S Citronem A Bylinkami

## SLOŽENÍ:

- 6 liber Vepřová panenka bez kosti
- ½ šálku nasekané petrželky
- ¼ šálku mleté cibule
- ¼ šálku jemně nastrouhané citronové kůry
- 1 lžíce bazalky
- 3 rozdrcené stroužky česneku
- ¾ šálku olivového oleje
- ¾ šálku suchého sherry

## INSTRUKCE:

a) Vepřové maso nasucho. Dobře zabodujte ostrým nožem.

b) Smíchejte petržel, cibuli, kůru, bazalku a česnek v malé misce.

c) Všlehejte ⅔ oleje. Vetřete do vepřového masa.

d) Zabalte do fólie a dejte přes noc do lednice. Nechte vepřové maso stát při pokojové teplotě 1 hodinu před pečením.

e) Předehřejte troubu na 350 stupňů F. Potřete vepřové maso zbývajícím olivovým olejem. Položte na rošt v mělké pánvi.

f) Pečte, dokud teploměr vložený do nejtlustší části masa nezaznamená 170 stupňů F, asi 2½ hodiny. Maso dejte stranou. Šťávy z pánve odmastěte.

g) Sherry vmícháme do šťávy z pánve. Přikryjte a vařte na mírném ohni 2 minuty.

h) Přeneste vepřové maso na talíř. Ozdobte čerstvou petrželkou a plátky citronu. Omáčku podávejte zvlášť.

# 52.Anglické Vepřové Maso V Tlustý S Kořením

**SLOŽENÍ:**

- 6 uncí hnědého cukru
- Česnek
- Oregano
- Tymián
- Ocet
- 2 lžičky kamenné soli
- 2 lžičky mletého černého pepře
- 6 černých oliv
- Šalvěj
- 6 sušených švestek
- Filety sardele
- 2 lžíce másla
- 2 lžíce olivového oleje
- 1 cibule; nakrájený
- 1 unce Roux

**INSTRUKCE:**

a) Opatrně nakrájejte vepřovou kůru a dejte stranou. Udělejte šest řezů v každém kloubu. Omotejte šalvěj kolem oliv a vložte do poloviny zářezů. Sardelu omotejte kolem sušených švestek a vložte do ostatních otvorů. Pro přípravu marinády jednoduše přidejte všechny ingredience na marinádu do mixéru a rozmixujte na hladkou pastu.

b) Pokud je pasta příliš suchá, přidejte trochu oleje, aby vznikla pasta. Obě kolena přelijte marinádou a nechte přes noc. K vaření vepřového masa si vezměte velký hrnec a rozpusťte 2oz másla a 2 lžíce olivového oleje. Maso v hrnci opékejte 5–8 minut, v polovině otočte.

c) Přidejte nakrájenou cibuli a zbývající marinády.

d) Přidejte jednu malou lahvičku černého piva.

e) Položte kůži z kloubů na maso, aby se vytvořilo „poklice". Vložte hrnec do nízké trouby při 130 °C/plyn2 na 3–4 hodiny. Odstraňte kůži. Odstraňte z masa kosti, což by se mělo snadno stát, poté vložte do servírovací mísy.

f) Zbylé šťávy rozmixujte v mixéru a sceďte do hrnce. Šťávu přivedeme k varu a přidáme jíšku do zhoustnutí. Nalijte na maso. Sloužit.

# 53.Pstruh pečený v anglickém stylu

**SLOŽENÍ:**

- 4 zelené cibule; nakrájený
- 1 zelený pepř; sekaný
- ¼ šálku margarínu nebo másla
- 1 šálek měkké strouhanky
- ¼ šálku čerstvé petrželky; ustřižený
- 1 lžička citronové šťávy
- 1 lžička soli
- ¼ lžičky sušených lístků bazalky
- 4 Celý pstruh; tažená sůl

**INSTRUKCE:**

a) Vařte a míchejte cibuli a pepř v margarínu, dokud cibule nezměkne; odstranit z tepla. Vmíchejte strouhanku, petržel, citronovou šťávu, 1 lžičku. sůl a bazalka.

b) Vytřete dutiny ryb solí; každý naplňte asi ¼ c.nádivkou. Vložte rybu do vymazané podlouhlé zapékací misky, 13 1/2x9x2 palce.

c) Vaříme odkryté při 350 st. v troubě, dokud se ryba snadno neloupe vidličkou, 30 až 35 minut.

d) Rybu podle potřeby ozdobte cherry rajčaty a petrželkou.

# DUŠENÉ A POLÉVKY

# 54.Anglický jehněčí guláš

**SLOŽENÍ:**
- 1–1½ kg nebo 3,5 lb jehněčího krku nebo plece
- 3 velké cibule, nakrájené nadrobno
- Sůl a čerstvě mletý černý pepř
- 3-4 mrkve, nakrájené na malé kousky
- 1 pórek, nakrájený na malé kousky
- 1 malý tuřín/švéd/rutabaga, nakrájený na malé kousky
- 10 malých nových brambor, oloupaných a nakrájených na čtvrtky, nebo 2 velké brambory, oloupané a nakrájené
- 1/4 malého zelí, nakrájené
- Kytice z petrželky, tymiánu a bobkového listu - svažte provázkem, který můžete nechat
- Kousek worcesterské omáčky

**INSTRUKCE:**
a) Můžete požádat svého řezníka, aby maso odřízl od kosti a odřízl tuk, ale kosti si ponechte nebo to udělejte doma. Maso zbavíme tuku a nakrájíme na kostičky. Maso vložíme do hrnce naplněného studenou osolenou vodou a přivedeme k varu s masem. Jakmile se vaří, stáhněte ho z ohně a sceďte, opláchněte jehněčí maso, abyste odstranili všechny zbytky.

b) Zatímco se to vaří, vložte kosti, cibuli, zeleninu, ale ne brambory nebo zelí, do nového hrnce. Přidejte koření a kytici bylinek a zalijte studenou vodou. Když je maso opláchnuté, přidejte ho do tohoto hrnce a vařte jednu hodinu. Pěnu budete muset každou chvíli sbírat.

c) Po hodině přidejte brambory a pokračujte ve vaření po dobu 25 minut. Přidejte brambory a pokračujte ve vaření po dobu 25 minut. Během posledních 6-7 minut vaření přidejte zelí.

d) Když je maso měkké a rozpadá se, odstraňte kosti a bylinkovou kytici. V tuto chvíli ochutnejte dušené maso a poté přidejte worcesterskou omáčku podle chuti a poté podávejte.

## 55.Pečený pastinák na anglický způsob

## SLOŽENÍ:

- 2½ libry pastináku
- 2 unce másla nebo slaniny
- 3 polévkové lžíce vývaru
- 1x Sůl a pepř
- 1 x špetka muškátového oříšku

## INSTRUKCE:

a) Pastinák oloupeme, rozčtvrtíme a odstraníme dřevnaté jádro. Vařte 15 minut.

b) Vložte do zapékací mísy. Přidejte vývar a posypte solí, pepřem a muškátovým oříškem.

c) Potřeme máslem a pečeme 30 minut na nízké úrovni ve středně vyhřáté troubě.

# 56.Anglická polévka z mořských plodů

## SLOŽENÍ:

- 4 malé filety ze štikozubce asi 1lb/500g
- 2 filety lososa jako výše
- 1 kus uzené ryby asi 1/2lb/250g
- 1 lžíce rostlinného oleje
- 1 lžička másla
- 4 brambory
- 2 mrkve
- 1 cibule
- 500 ml / 2,25 šálků rybího nebo kuřecího vývaru
- 2 lžíce sušeného kopru
- 250 ml/1 šálek smetany
- 100 ml/1/2 hrnku mléka
- 4 lžíce najemno nakrájené pažitky

## INSTRUKCE:

a) Brambory vezměte a oloupejte a nakrájejte na malé kostičky. S mrkvovou slupkou a nakrájejte na menší kostky než brambory.

b) Z ryby odstraňte kůži, pokud existuje, a nakrájejte ji na velké kousky, při vaření se rozpadne.

c) Do hlubokého hrnce dejte olej a máslo a cibuli, brambory, kopr a mrkev zlehka opékejte asi 5 minut. Nalijte vývar do pánve a přiveďte k varu po dobu 1 minuty.

d) Vezměte víko hrnce a přidejte smetanu a mléko a poté ryby. Mírně dusíme (nevaříme), dokud se ryba neuvaří.

e) Podávejte s ozdobou petrželkou a trochou vašeho domácího pšeničného chleba.

# 57.Kuřecí guláš s knedlíkem

**SLOŽENÍ:**

- 1 kuře, nakrájené na 8 kusů
- 15 g/. oz (2 lžíce) hladké (univerzální) mouky
- 2 lžíce řepkového (řepkového) oleje
- 15 g/. oz (1 lžíce) másla
- 1 cibule, nakrájená
- 4 listy šalvěje
- snítku rozmarýnu a tymiánu
- 2 mrkve, nakrájené
- 250 ml/8 fl oz (1 šálek) cider (tvrdý cider)
- 1 litr/34 fl oz (4. šálky) kuře
- vývar (vývar)
- 1 lžička mořské soli
- čerstvě mletý černý pepř
- nasekaná plochá petrželka na ozdobu Na knedlíky
- 350 g hladké (univerzální) mouky proseté
- 50 g (4 polévkové lžíce) studeného másla, nastrouhaného
- 1 lžička prášku do pečiva
- 350 ml/12 fl oz (1. šálků) mléka
- mořská sůl

**INSTRUKCE:**

a)   Kuřecí kousky osolte a opepřete a obalte v mouce.

b)   Ve velké pánvi nebo kastrolu se silným dnem (holaská trouba) rozehřejte olej na středně vysokou teplotu a opékejte kousky kuřete po dávkách asi 5 minut dozlatova po celém povrchu. Kuře dejte stranou a vymažte pánev.

c)   Na pánvi rozpustíme máslo a přidáme cibuli, šalvěj, rozmarýn a tymián. Smažte 3–4 minuty, dokud cibule nezměkne, a poté přidejte mrkev. Polijte pánev ciderem a přiveďte k varu.

d)   Kuře se šťávou vrátíme do pánve a podlijeme vývarem (vývarem). Vařte na mírném až mírném ohni asi 25–30 minut, dokud není kuře propečené bez známek růžového odstínu a vytéká šťáva.

e)   Mezitím na knedlíky smíchejte v míse mouku a máslo s práškem do pečiva a solí. Přidejte mléko, aby vzniklo sypké těsto. Na posledních 5–10 minut vaření přidáme polévkové lžíce knedlíkové směsi do pánve s kuřecím masem a v polovině knedlíky otočíme, aby se opekly z obou stran.

f)   Přidejte petržel a podávejte.

# 58.Krémová polévka z mušlí

## SLOŽENÍ:

- ¾ půllitru Mušle
- 3 šálky studené vody
- 2 unce másla
- 1 unce mouky
- ½ šálku jednoduchého krému
- 1x Sůl a pepř

## INSTRUKCE:

a) Mušle důkladně omyjte.

b) Zahřívejte na suché sušicí pánvi, dokud se skořápky neotevřou. Mušle a vousy.

c) V hrnci rozpustíme máslo, přidáme mouku a smažíme 1 až 2 minuty.

d) Sundejte z plotny a vmíchejte vodu a veškerou tekutinu, která zbyla z pánve. Osolíme, opepříme, přivedeme k varu, přikryjeme a dusíme 10 minut.

e) Odstraňte z tepla. Vmícháme mušle a smetanu. Upravte koření a ihned podávejte.

# 59.Polévka z čerstvého hrášku

## SLOŽENÍ:

- 350 gramů hrášku, čerstvě vyloupaného
- 2 lžíce másla
- 1 středně velká cibule, nakrájená
- 1 ledový salát hlávkový/nakrájený
- 1 každá snítka máty, nasekaná
- 1 každý snítka petrželky, nasekané
- 3 proužky slaniny, nakrájené
- 1½ litru šunkového vývaru
- 1x Sůl a pepř
- 1 x cukr
- 1x nasekaná petrželka

## INSTRUKCE:

a) Po vyloupání hrách lusky uschovejte, omyjeme a při přípravě polévky dáme vařit do šunkového vývaru.

b) Ve velkém hrnci rozehřejte máslo a změjte v něm cibuli, poté přidejte salát, mátu a petrželku.

c) Slaninu zbavíme kůry a nakrájíme. Smažte ji asi 2 minuty a občas ji otočte; přidejte do hrnce s hráškem, solí, pepřem a malým množstvím cukru. Vývar přecedíme a přidáme.

d) Za stálého míchání přiveďte k varu a poté vařte asi půl hodiny, dokud hrášek nezměkne.

e) Ozdobte nasekanou petrželkou nebo mátou.

## SLOŽENÍ:

- 1 šálek brambor; oloupané a nakrájené na kostičky
- 1 šálek cibule; na kostičky
- 1 šálek mrkve; na kostičky
- 2 lžíce kopru, čerstvého; nasekané NEBO
- 1 lžíce sušeného kopru
- ¼ lžičky mletého bílého pepře
- 1 lžička granulovaného česneku NEBO
- 2 lžičky čerstvého česneku; mletý
- 3 lžíce kukuřičného oleje
- 4 šálky; voda
- 2¼ šálku světlého sójového mléka
- 2 lžíce Zeleninový bujón v prášku
- 1 šálek instantní bramborové kaše

## INSTRUKCE:

a) Ve středním hrnci osmahněte na oleji na středním plameni brambory, cibuli, mrkev, pepř, kopr a česnek po dobu 6 minut.

b) Přidejte vodu, sójové mléko a bujónový prášek.

c) Pomalu přidávejte bramborové vločky, za stálého šlehání, abyste zajistili rovnoměrné rozptýlení.

d) Snižte teplotu na minimum a vařte za občasného míchání, dokud nejsou brambory uvařené a směs je horká, asi 15 minut.

# 61.Tuřín A Slaninová Polévka

## SLOŽENÍ:

- ¼ libry Prorostlá slanina, slupka
- ¼ libry nakrájené cibule
- ¼ libry nakrájených brambor
- ¾ liber Nakrájené tuřín
- 2 pinty Stock
- 1 x tuk na smažení

## INSTRUKCE:

a) Nakrájejte a orestujte slaninu a cibuli.
b) Přidejte brambory, tuřín a vývar.
c) Vařte doměkka, dokud zelenina nezměkne.
d) Upravte koření a podávejte.

# DEZERT

# 62.Schwarzwaldský švec

**SLOŽENÍ:**

- ½ šálku cukru
- 1 lžíce kukuřičného škrobu
- 7 šálků vypeckovaných červených třešní (asi 2 libry)
- ¼ lžičky malového extraktu
- ¾ šálku univerzální mouky
- ¼ šálku kakaa na pečení
- 1 lžíce cukru
- 1 ½ lžičky prášku do pečiva
- ½ lžičky soli
- 3 lžíce másla nebo margarínu
- ½ šálku mléka
- Smetana nebo zmrzlina, je-li to žádoucí

**INSTRUKCE:**

a) Zahřejte troubu na 400 °F. Smíchejte ½ šálku cukru a kukuřičný škrob ve dvoulitrovém hrnci. Vmícháme třešně. Vařte na středním plameni za stálého míchání, dokud směs nezhoustne a nevyvaří. Vařte a míchejte 1 minutu. Vmíchejte malový extrakt. Nalijte do nenamazaného 2-litrového kastrolu; udržujte v troubě horké.

b) V malé misce smíchejte mouku, kakao, 1 lžíci cukru, prášek do pečiva a sůl. Nakrájejte máslo pomocí mixéru na pečivo nebo křížem krážem 2 noži, dokud nebude směs vypadat jako jemné drobky. Vmícháme mléko. Těsto po 6 lžících dejte na horkou ovocnou směs.

c) Pečte odkryté po dobu 25 až 30 minut nebo do ztuhnutí polevy. Podávejte teplé se smetanou. Substituce

# 63.Jablkově křupavé

**SLOŽENÍ:**

- 6 šálků nakrájených a oloupaných jablek (např. Granny Smith)
- 2 polévkové lžíce instantních kávových granulí
- ½ šálku krystalového cukru
- 1 lžička mleté skořice
- ½ lžičky mletého muškátového oříšku
- 1 šálek staromódního ovsa
- ½ šálku univerzální mouky
- ½ šálku baleného hnědého cukru
- ½ šálku nesoleného másla, studeného a nakrájeného na kostky

**INSTRUKCE:**

a) Předehřejte troubu na 350 °F (175 °C) a vymažte pečicí misku o rozměrech 9 x 13 palců.

b) Rozpusťte granule instantní kávy ve 2 lžících horké vody a dejte stranou.

c) Ve velké míse smíchejte nakrájená jablka a rozpuštěnou kávovou směs. Přehodit do kabátu.

d) V samostatné misce smíchejte krystalový cukr, mletou skořici a mletý muškátový oříšek. Touto směsí potřeme jablka a promícháme, aby se obalila.

e) Jablečnou směs přendejte do připraveného pekáčku.

f) V míse smíchejte staromódní oves, univerzální mouku, hnědý cukr a studené nakrájené máslo. Míchejte do drobení.

g) Ovesnou směs rovnoměrně nasypeme na jablka.

h) Pečte 40–45 minut, nebo dokud není poleva zlatavě hnědá a jablka měkká.

i) Před podáváním nechte mírně vychladnout. Vychutnejte si křupavé cappuccino!

# 64.Smíšený Bobulový švecS Cukrem Sušenky

**SLOŽENÍ:**
- Rostlinný olej, na mazání
- 2 šálky čerstvých jahod, nakrájených na plátky
- 2 šálky čerstvých ostružin
- 2 šálky čerstvých borůvek
- 1 šálek krystalového cukru
- ¾ šálku vody
- 2 lžíce nesoleného másla
- 1 lžíce vanilkového extraktu
- 3 lžíce kukuřičného škrobu

**NA PIŠKITOVOU POLEVU:**
- 2 hrnky univerzální mouky
- ¼ šálku krystalového cukru
- 3 lžíce prášku do pečiva
- ½ lžičky košer soli
- ¾ šálku podmáslí
- 5 lžic studeného nesoleného másla, nastrouhaného
- 2 lžičky vanilkového extraktu
- 2 lžíce rozpuštěného nesoleného másla
- 2 lžíce hrubého cukru

**INSTRUKCE:**

a) Předehřejte troubu na 375 stupňů F. Lehce namažte zapékací misku 9 x 13 palců.

b) Ve velkém hrnci na středním plameni smíchejte bobule s cukrem, vodou, máslem a vanilkou. Když se začnou tvořit bubliny, odeberte z hrnce asi ¼ šálku tekutiny.

c) V malé misce smíchejte ¼ šálku horké tekutiny s kukuřičným škrobem a promíchejte, dokud nebudou hrudky. Nalijte směs kukuřičného škrobu zpět do hrnce s ovocem a zamíchejte. Vařte, dokud vše nezhoustne, poté nalijte ovocnou směs do pekáče. Dát stranou.

d) Na sušenkovou polevu ve velké míse smíchejte mouku, cukr, prášek do pečiva a sůl. Šlehejte, dokud se dobře nespojí. Přidejte podmáslí, nastrouhané máslo a vanilku. Smíchejte přísady. Vyjměte sušenkovou směs a položte ji na bobulovou náplň.

e) Sušenky potřeme rozpuštěným máslem a poté posypeme hrubým cukrem. Pečte v troubě odkryté 30 až 35 minut. Vyjměte z trouby a nechte vychladnout. Podávejte se zmrzlinou nebo bez.

# 65.Mini Citrón Oblévací dort

**SLOŽENÍ:**

- 2 vejce
- 100 g (asi 3,5 unce) másla, změklého
- 100 g (asi 3,5 unce) moučkového cukru
- 100 g (asi 3,5 unce) samokypřící mouky
- Kůra z 1 citronu
- Šťáva z 1 citronu
- 50 g (asi 1,75 unce) krystalového cukru

**INSTRUKCE:**

a) Předehřejte troubu na 180 °C (350 °F). Vymažte a vyložte formu na mini cupcake nebo dort.

b) V míse ušlehejte máslo a moučkový cukr do krémova. Přidávejte vejce jedno po druhém a po každém přidání dobře promíchejte.

c) Prosejeme samokynoucí mouku a přidáme citronovou kůru. Míchejte, dokud se dobře nespojí.

d) Těsto nalijte do mini dortové formy a pečte asi 12–15 minut, nebo dokud koláčky nezezlátnou.

e) Zatímco se koláče pečou, smíchejte citronovou šťávu a krystalový cukr, abyste vytvořili polévku.

f) Jakmile koláčky vyjdou z trouby, propíchněte je vidličkou nebo párátkem a pokapejte je citronovo-cukrovou směsí.

g) Před podáváním nechte koláče vychladnout.

# 66.Rubínové čajové sušenky

## SLOŽENÍ:

- 2 šálky víceúčelové mouky, proseté
- 2 lžíce cukru
- 4 lžičky prášku do pečiva
- ½ lžičky soli
- ½ šálku zeleninového tuku
- ¾ šálku mléka
- Extra mouka na desku
- Červená marmeláda pro středy

**INSTRUKCE:**

a) Předehřejte troubu na 425 stupňů Fahrenheita a umístěte rošt trouby do středu.

b) Ve velké míse smíchejte 2 hrnky prosáté mouky, cukr, prášek do pečiva a sůl. Suché ingredience spolu důkladně promíchejte vidličkou.

c) Pomocí vykrajovátka nebo dvou nožů zapracujte zeleninový tuk do suché směsi, dokud nebude připomínat hrubou strouhanku.

d) Zalijeme mlékem a vidličkou zlehka vmícháme do moučné směsi, dokud se nevytvoří vláčná koule těsta.

e) Těsto položte na dobře pomoučený povrch a asi 12x ho prohněťte pomoučenýma rukama.

f) Pomocí pomoučeného vále rozválejte těsto na tloušťku ¼ palce.

g) Pomocí 2palcového vykrajovátka na sušenky vykrajujte z těsta kolečka. Ujistěte se, že je řežete rovně dolů, aniž byste ořezávali kroucením. Umístěte kolečka na plech na sušenky ve vzdálenosti asi 1 palce od sebe.

h) Vezměte 1-palcový řezák na sušenky a vyřízněte otvor ve středu zbývajících kruhů, čímž vytvoříte kroužky. Středy opatrně odstraňte špachtlí a dejte je stranou.

i) Položte kroužky na velká kolečka těsta, která jsou již na plechu.

j) Do středové prohlubně každé sušenky dejte ½ lžičky džemu nebo želé.

k) Pečte při 425 stupních Fahrenheita 12 až 15 minut, nebo dokud nejsou sušenky nafouklé a zlaté.

l) Okamžitě vyjměte čajové sušenky z plechu pomocí kovové špachtle.

m) Pečte malá kolečka (středy sušenek) 11 až 12 minut, čímž vytvoříte další malé sušenky, které můžete podávat vedle ostatních.

# 67.Křehké sušenky

## SLOŽENÍ:

- 1 šálek (2 tyčinky) nesoleného másla, změkčeného
- ½ šálku krystalového cukru
- 2 hrnky univerzální mouky
- ¼ lžičky soli
- 1 lžička vanilkového extraktu

## INSTRUKCE:

a) Předehřejte troubu na 325 °F (160 °C). Plech vyložte pečícím papírem.

b) V mixovací misce ušlehejte změklé máslo a cukr do světlé a nadýchané hmoty.

c) Přidejte vanilkový extrakt a míchejte, dokud se nespojí.

d) Postupně přidávejte mouku a sůl, míchejte, dokud nevznikne těsto.

e) Těsto vyválejte na lehce pomoučené ploše na tloušťku asi ¼ palce.

f) Pomocí vykrajovátek na cukroví vykrajujte požadované tvary a pokládejte je na připravený plech.

g) Pečeme v předehřáté troubě 12-15 minut, nebo dokud okraje nezezlátnou.

h) Sušenky nechte vychladnout na mřížce.

# 68.Jahoda Eton Mess

**SLOŽENÍ:**

- 4 hnízda pusinek, rozdrcená
- 2 šálky čerstvých jahod, oloupaných a nakrájených na plátky
- 1 šálek husté smetany
- 2 lžíce moučkového cukru

**INSTRUKCE:**

a) V míse ušlehejte tuhou smetanu a moučkový cukr, dokud se nevytvoří měkké vrcholy.

b) Jemně vmíchejte rozdrcená hnízda pusinek a nakrájené jahody.

c) Směs nalijte do servírovacích sklenic nebo misek.

d) Volitelné: Ozdobte dalšími nakrájenými jahodami nebo lístky máty.

e) Okamžitě podávejte a užívejte!

# 69.Mučenka Posset

## SLOŽENÍ:

- 300 ml dvojitého krému
- 75 gramů moučkového cukru
- 1 citron
- 2 Mučenka
- Čokoláda; sušenky, podávat

## INSTRUKCE:

a) Smetanu a cukr dejte do hrnce a přiveďte k varu a míchejte, dokud se cukr nerozpustí.

b) Z citronu nastrouháme kůru a vmícháme do pánve se šťávou.

c) Míchejte asi minutu, dokud směs nezhoustne, poté stáhněte z plotny.

d) Mučenku rozpůlte, vydlabejte semínka a rozpulte na posset. Dobře promíchejte a nalijte do dvou sklenic na víno na stopce.

e) Ochlaďte a poté ochlaďte, dokud neztuhne.

# 70.Klasický koláč Banoffee

**SLOŽENÍ:**

**PRO KŮRU:**
- 1 1/2 šálku strouhanky z grahamového sušenky
- 1/2 šálku nesoleného másla, rozpuštěného

**K NÁPLNĚ:**
- 2 (14 uncí) plechovky slazeného kondenzovaného mléka (pro dulce de leche)
- 3 velké zralé banány, nakrájené na plátky
- 2 šálky šlehačky
- Čokoládové hobliny (volitelné)

**INSTRUKCE:**

a) Chcete-li připravit dulce de leche, vložte neotevřené plechovky slazeného kondenzovaného mléka do velkého hrnce s vroucí vodou asi na 3 hodiny. Dbejte na to, aby byly plechovky po celou dobu zcela ponořené ve vodě. Před otevřením je nechte úplně vychladnout.

b) V misce smíchejte drobky z grahamového kreru a rozpuštěné máslo. Tuto směs vtlačte na dno koláčové formy, abyste vytvořili kůrku.

c) Vychladlé dulce de leche rozetřeme na kůrku.

d) Na dulce de leche navrstvěte nakrájené banány.

e) Banány přelijte šlehačkou.

f) V případě potřeby ozdobte hoblinkami čokolády.

g) Před podáváním koláč nechte několik hodin vychladit v lednici.

# 71.Banoffee tvarohový koláč

## SLOŽENÍ:
## PRO KŮRU:
- 1 1/2 šálku strouhanky z grahamového sušenky
- 1/2 šálku nesoleného másla, rozpuštěného

## K NÁPLNĚ:
- 16 uncí smetanového sýra, změkčeného
- 1/2 šálku cukru
- 1 lžička vanilkového extraktu
- 2 zralé banány, rozmačkané
- 1/4 šálku dulce de leche
- 2 velká vejce

## K NÁPLNĚ:
- 2 zralé banány, nakrájené na plátky
- Šlehačka
- Dulce de leche mrholení
- strouhaná čokoláda (volitelně)

## INSTRUKCE:
a) Smíchejte strouhanku z grahamového sušenky a rozpuštěné máslo, poté vmáčkněte na dno pekáče, abyste vytvořili kůrku.

b) Ve velké míse ušlehejte smetanový sýr do hladka. Přidejte cukr, vanilku, rozmačkané banány, dulce de leche a vejce a šlehejte, dokud se dobře nespojí.

c) Nalijte tvarohovou náplň na kůru.

d) Pečte při 325 °F (160 °C) asi 45–50 minut nebo dokud neztuhnou. Necháme vychladnout a vychladit.

e) Před podáváním přidejte plátky banánu, šlehačku, kapku dulce de leche a nastrouhanou čokoládu jako polevu.

## 72.Anglický žlutý muž

## SLOŽENÍ:

- 1oz másla
- 8 uncí hnědého cukru
- 1 lb zlatého sirupu
- 1 dezertní lžička vody
- 1 lžička octa
- 1 lžička sody bikarbony

## INSTRUKCE:

a) V hrnci rozpustíme máslo a poté přidáme cukr, zlatý sirup, vodu a ocet.

b) Míchejte, dokud se všechny ingredience nerozpustí.

c) Vmícháme sodu, až směs zpění, nalijeme na vymazaný žáruvzdorný tác a obracíme na okrajích paletovým nožem.

d) Když je dostatečně vychladlý, aby se dal s ním manipulovat, vytáhněte jej namazanýma rukama, dokud nebude mít bledou barvu.

e) Po úplném vytvrzení rozbijte na hrubé kousky a nyní je váš Žlutý muž připraven k jídlu.

# 73.Fudge pudink S Lískovými Oříšky A Krémem Fangelico

## SLOŽENÍ:

- 150 g (5 oz/1 1/4 tyčinky) nesoleného másla plus navíc na mazání
- 150g (5oz) kvalitní čokolády (používám 52% kakaové sušiny)
- 1 lžička vanilkového extraktu
- 150 ml (5 fl oz/velký 1/2 šálku) teplé vody
- 100 g moučkového cukru
- 4 bio vejce z volného chovu
- 25 g (1 oz/1/5 šálku) samokypřicí mouky
- moučkový cukr, na prach
- 225 ml (8 fl oz/1 šálek) jemně našlehané smetany nebo crème fraiche smíchané s 1 polévkovou lžící (1 americká polévková lžíce + 1 čajová lžička) oříškového likéru Frangelico
- pár opečených lískových ořechů, nahrubo nasekaných

## INSTRUKCE:

a) Předehřejte troubu na 200 °C/400 °F/plyn Mark 6 a 1,2litrovou (2 pintovou) koláčovou formu vymažte trochou másla.

b) Čokoládu nasekejte na malé kousky a rozpusťte s máslem v pyrexové misce umístěné nad pánví s horkou, ale ne vroucí vodou. Jakmile se čokoláda rozpustí, stáhněte misku z plotny a přidejte vanilkový extrakt. Vmíchejte teplou vodu a cukr a míchejte do hladka.

c) Vejce oddělíme a žloutky zašleháme do čokoládové směsi. Poté vmíchejte prosátou mouku, ujistěte se, že v ní nejsou žádné hrudky.

d) V samostatné misce ušlehejte bílky, dokud se nevytvoří tuhé špičky, a poté je opatrně vmíchejte do čokoládové směsi. Čokoládovou směs nalijte do máslem vymazané misky.

e) Vložte misku do vany a zalijte tolik vroucí vody, aby sahala do poloviny stěn misky. Pečte 10 minut. Poté snižte teplotu na 160°C\325°F\Gas Mark 3 na dalších 15–20 minut, nebo dokud nebude pudink na povrchu pevný, ale stále měkký a poddajný vespod a šťavnatý u základu.

f) Před poprášením moučkovým cukrem nechte trochu vychladnout. Podávejte teplé nebo studené posypané opečenými lískovými oříšky s krémem Frangelico nebo crème fraîche.

# 74.Pečená rebarbora

## SLOŽENÍ:

- 1 kg (2 1/4 lb) červené rebarbory
- 200–250 g (7-9 uncí) krystalového cukru
- 2-3 lžičky čerstvě nasekaných bylinek
- zmrzlinu, labneh nebo hustou Jersey smetanu k podávání

## INSTRUKCE:

a) V případě potřeby seřízněte stonky rebarbory. Nakrájejte rebarboru na 2,5 cm (1 palec) kousky a uložte do jedné vrstvy v nereaktivní nádobě o rozměrech 45 x 30 cm (18 x 12 palců). Cukr nasypte na rebarboru a nechte 1 hodinu nebo déle macerovat, dokud nezačne vytékat šťáva.

b)  Předehřejte troubu na 200 °C/plyn stupeň 6.

c)  Rebarboru zakryjte pečicím papírem a pečte v troubě 10–20 minut podle tloušťky stonků, dokud rebarbora nezměkne. Rebarboru bedlivě sledujte, protože se může velmi rychle rozpadat

d)  Podávejte teplé nebo studené se zmrzlinou, labneh nebo hustým Jersey krémem.

# 75.Carrageen Moss Pudding

## SLOŽENÍ:

- 3 lžíce čerstvého karagenu
- 4 šálky mléka
- 2 žloutky
- 2 lžíce medu, plus navíc k podávání
- včelí pyl, k podávání (volitelné)

## INSTRUKCE:

a) Umyjte karagén, pokud používáte čerstvý, nebo rehydratujte, pokud používáte sušený, podle pokynů na obalu . Zahřejte mléko s karagenem ve střední pánvi na středně nízkém ohni.

b) Žloutky a med společně rozšlehejte v malé misce, poté vaječnou směs vlijte do mléka a míchejte asi 10 minut, dokud nezhoustne.

c) Nalijte do forem nebo misek a nechte několik hodin chladit, dokud neztuhne.

d) Chcete-li podávat, pokapejte trochou medu navíc a posypte trochou včelího pylu, pokud používáte.

# 76.Chléb A Máslový pudink

## SLOŽENÍ:

- 1 ¾ lžíce mléka
- 250 ml/8 fl oz (1 šálek) dvojité (těžké) smetany
- 1 lžička mleté skořice
- čerstvě nastrouhaný muškátový oříšek podle chuti
- 3 vejce
- 75 g/2. oz (./. šálek) třtinový (velmi jemný) cukr
- 50 g másla a navíc na mazání
- 10 plátků měkkého bílého chleba
- 75 g/2. oz (. pohár) sultánky (zlaté rozinky)
- moučkový (cukrářský) cukr na posypání

## INSTRUKCE:

a)   Vymažte pečící misku.

b)   Mléko a smetanu dejte do malé pánve na střední teplotu a přidejte skořici a muškátový oříšek. Přiveďte k varu a poté stáhněte z plotny.

c)   V míse vyšleháme vejce s cukrem a směs nalijeme na smetanu. Míchejte, aby se spojily.

d)   Chléb z obou stran namažte máslem a plátky položte do připravené misky ve vrstvách se sultánkami (zlatými rozinkami). Nalijte pudink na chléb a nechte 30 minut odstát.

e)   Předehřejte troubu na 180C/350F/plyn Mark 4.

f)   Pudink pečte v předehřáté troubě 25 minut, dokud nezezlátne a pudink neztuhne. Před podáváním poprášíme trochou moučkového (cukrářského) cukru.

# 77.Spálené pomeranče

## SLOŽENÍ:

- 4 velké pomeranče
- 150 mililitrů Sladké bílé víno
- 1 lžíce másla
- 8 lžic cukru
- 300 mililitrů čerstvě vymačkané pomerančové šťávy
- 2 lžíce whisky (ohřáté)

## INSTRUKCE:

a) Pomeranče opatrně oloupeme natenko. Poté ostrým nožem odstraňte co nejvíce dřeně a bílé slupky, aby pomeranče zůstaly neporušené. Tenkou kůru nakrájíme na jemné nudličky a podlijeme vínem.

b) Vložte pomeranče do zapékací mísy. Na každý dejte trochu másla, jemně ho přitlačte a potom každý posypte lžičkou cukru. Vložte do trouby vyhřáté na 400 F na 10 minut nebo dokud cukr nezkaramelizuje.

c) Mezitím smíchejte v hrnci pomerančovou šťávu s cukrem a přiveďte k varu. Snižte teplotu a nechte ji sirupovat, bez míchání. Přidejte pomerančovou kůru a směs vína a znovu přiveďte k varu, poté rychle vařte, aby se zredukovala a mírně zhoustla.

d) Vyjměte pomeranče z trouby a pokud nejsou úplně zhnědlé, vložte je na několik minut pod mírný brojler. Nalijte na ně ohřátou whisky a zapalte na plameni. Jakmile plameny utichnou, přidejte pomerančový sirup a nechte asi 2 minuty provařit. Podávejte najednou; nebo můžeme podávat studené.

# 78.Anglický krémový dort

**SLOŽENÍ:**
- 1 směs žlutého koláče
- 4 vejce
- ½ šálku studené vody
- ½ šálku anglického krémového likéru
- 1 balení Instantní vanilkový pudinkový mix
- ½ šálku oleje
- 1 šálek nakrájených opečených pekanových ořechů

**GLAZURA**
- 2 unce másla
- ½ šálku cukru
- ⅛ šálku vody
- ¼ šálku Bailey's Angličtina Cream

**INSTRUKCE:**

a) Smíchejte všechny ingredience, kromě ořechů, šlehejte, dokud se dobře nepromíchají, vmíchejte ořechy.

b) Nalijte do vymazané a moukou vysypané 12 hrnkové formy a pečte při 325 F po dobu 1 hodiny nebo dokud nebude test hotový.

c) Dort pečte 15 minut a vyklopte na mřížku. Zahřívejte přísady na polevu , dokud se nerozpustí. Vidličkou na maso propíchněte do koláče otvory a teplý koláč potřete ½ glazury.

d) Když je koláč upečený, potřete ho zbylou glazurou.

# 79.Švec tresky

## SLOŽENÍ:

- 1½ libry filety tresky bez kůže
- 2 unce másla
- 2 unce mouky
- ½ litru mléka
- 3½ unce strouhaného sýra
- 2 unce strouhaného sýra (na koláčky)
- 2 unce másla (na koláčky)
- 1 lžička prášku do pečiva (na koláčky)
- 1 špetka soli (na koláčky)
- 1 vejce (na koláčky)

## INSTRUKCE:

a) Filety z tresky vložíme na dno kulaté formy. Připravte sýrovou omáčku z 2 uncí másla a mouky, ½ l mléka a 3½ unce strouhaného sýra: nalijte na ryby. Poté vypracujte těsto na koláčky, ve kterých rozetřete 2 unce másla do 8 mouky s 1 lžičkou prášku do pečiva a špetkou soli.

b) Přidejte 2 oz strouhaného sýra, nejlépe zralého čedaru nebo jeho směsi a parmezánu.

c) Do směsi kápneme 1 žloutek a přidáme tolik mléka, aby vzniklo zpracovatelné těsto. Vyválejte na tloušťku ½ palce a nakrájejte na malá kolečka pomocí vykrajovátka.

d) Tato kolečka položte na omáčku tak, aby téměř pokrývala povrch; potřete je trochou mléka, posypte je ještě trochou strouhaného sýra a pečte v horké troubě (450 F) 25–30 minut, dokud nejsou koláčky zlatavě hnědé.

# 80.Glazovaný anglický čajový dort

## SLOŽENÍ:

- ¾ šálku nesoleného másla pokojové teploty
- 1 šálek cukru
- 2 lžičky vanilky
- 2 vejce
- 3 unce smetanového sýra
- ½ šálku cukrářského cukru, prosátého pokojové teploty
- 1¾ šálku mouky na koláč
- 1¼ lžičky prášku do pečiva
- ¼ lžičky soli
- 1 šálek sušeného rybízu
- ⅔ šálku podmáslí
- 2 lžičky čerstvé citronové šťávy

**INSTRUKCE:**

a) PŘEDEHŘEJTE TROUBU NA 325 F, s roštem uprostřed trouby. 9palcovou (kapacita 7 šálků) pečicí formu bohatě vymažte tukem. Poprašte moukou; klepněte na pánev nad dřezem, abyste odstranili přebytečnou mouku. Odřízněte kus pergamenu nebo voskovaného papíru tak, aby odpovídal dnu pánve. Dát stranou.

b) NA DORT ušlehejte pomocí mixéru máslo, cukr a vanilku, dokud nebudou nadýchané. Přidejte vejce, 1 po druhém, a každé šlehejte, dokud nebude nadýchaná. Přidejte smetanový sýr. Míchejte, dokud se dobře nespojí. Mouku, prášek do pečiva a sůl prosejeme dohromady. Vložte rybíz do malé misky. Přidejte ¼ šálku moučné směsi k rybízu. Rybíz míchejte, dokud není dobře obalený.

c) Přidejte zbývající mouku do těsta, střídavě s podmáslím. Mixujte do hladka. Vařečkou vmíchejte rybíz a všechnu mouku.

d) Míchejte, dokud se dobře nespojí. Přeneste těsto do připravené pánve. Hladký povrch špachtlí. Pečte, dokud dobře nezhnědne a párátko zapíchnuté do středu nevyjde čisté, asi 1 hodinu a 25 minut.

e) Dort navrchu praskne. Dort necháme 10 minut odpočinout na pánvi. K oddělení dortu od stěn formy použijte pružnou kovovou stěrku.

f) Opatrně vyjměte koláč z formy na chladicí mřížku. Na teplý koláč rozetřeme polevu. Nechte koláč úplně vychladnout. Dort lze skladovat 3 dny při pokojové teplotě ve fólii.

g) Dort lze také zmrazit až na 3 měsíce, vzduchotěsně zabalit.

h) NA glazuru smíchejte v malé misce cukr a citronovou šťávu. Míchejte do hladka.

# 81.Anglický čokoládový dort

## SLOŽENÍ:

- 1 vejce
- ½ šálku kakaa
- 1 šálek cukru
- ½ šálku oleje
- 1½ šálku mouky
- 1 lžička sody
- ½ šálku mléka
- ½ šálku horké vody
- 1 lžička vanilky
- ¼ lžičky soli
- 1 Přilepte máslo
- 3 lžíce kakaa
- ⅓ šálku coca coly
- 1 libra cukrářského cukru
- 1 šálek nasekaných ořechů

## INSTRUKCE:

a)  Smíchejte cukr a kakao, přidejte olej a vejce, dobře promíchejte. Smíchejte sůl a mouku, přidávejte střídavě s tekutými směsmi a dobře promíchejte. Přidejte vanilku.

b)  Pečte ve vrstvených nebo plechových dortových formách při 350 °C po dobu 30-40 minut.

c)  POLEVA: V hrnci smíchejte máslo, kolu a kakao. Zahřejte k bodu varu, stáhněte hořák, přidejte cukr a ořechy a dobře prošlehejte. Natřete na dort.

## 82.Anglická káva Torte

## SLOŽENÍ:

- 2 šálky nesoleného másla
- 1 šálek cukru
- ¾ šálku silné horké kávy
- ¼ šálku anglického smetanového likéru
- 16 uncí polosladké tmavé čokolády
- 6 vajec; pokojová teplota
- 6 vaječných žloutků; pokojová teplota

## INSTRUKCE:

a) Umístěte stojan do středu trouby a předehřejte na 325 F. Formu o průměru 8" vymažte máslem a dno vyložte pergamenem nebo voskovaným papírem. Papír vymažte máslem a vysypte moukou.

b) Rozpusťte máslo s cukrem, kávou a likérem v těžkém třílitrovém hrnci na středně mírném ohni a míchejte, dokud se cukr nerozpustí. Přidejte čokoládu a míchejte, dokud nebude hladká. Odstraňte z tepla.

c) Elektrickým mixérem šlehejte vejce a žloutky ve velké míse, dokud neztrojnásobí svůj objem a po zvednutí vytvořte stuhy. Vmícháme do čokoládové směsi.

d) Nalijte těsto do připravené pánve. Umístěte pánev na těžký plech.

e) Pečte, dokud se okraje lehce nenafouknou a nepopraskají, ale střed není zcela ztuhlý (asi 1 hodinu). Nepékejte (koláč chladnutím ztuhne). Přemístěte na stojan a vychladněte. Přikryjte a dejte přes noc do lednice.

f) Malým ostrým nožem přejeďte po stranách dortové formy, aby se uvolnila. Opatrně uvolněte strany. Umístěte na talíř a podávejte v malých porcích.

# 83.Anglický smetanový mražený jogurt

## SLOŽENÍ:

- 2 lžíce vody
- 1 lžička Neochucené želatiny
- 3 unce polosladké čokolády, hrubě nasekané
- ¾ šálku Nízkotučného mléka
- ¼ šálku světlého kukuřičného sirupu
- ¼ šálku cukru
- 3 polévkové lžíce Bailey's Angličtina Cream Liqueur
- 1 šálek zamíchaného obyčejného nízkotučného jogurtu
- 1 vaječný bílek
- ⅓ šálku vody
- ⅓ šálku odtučněného sušeného mléka

## INSTRUKCE:

a) V malém hrnci smíchejte 2 lžíce vody a želatinu: nechte 1 minutu odstát. Míchejte na mírném ohni, dokud se želatina nerozpustí; dát stranou. V hrnci med smíchejte čokoládu, mléko, kukuřičný sirup a cukr.

b) Vařte a šlehejte na mírném ohni, dokud není směs hladká. Vmíchejte rozpuštěnou želatinovou směs; chladný. Přidejte anglickou smetanu a jogurt.

c) Vyšlehejte vaječný bílek, ⅓ šálku vody a odtučněné sušené mléko do tuha, ale ne do sucha. Vmícháme do jogurtové směsi. Zmrazte ve výrobníku zmrzliny podle pokynů výrobce; nebo postupujte podle dříve zveřejněných pokynů pro ledničku a mrazničku .

d) Dotek anglické smetany v kombinaci s čokoládou pro strhující změnu tempa.

# 84.Anglický krémový dýňový koláč

**SLOŽENÍ:**

- 1 9-palcová hluboká korpus na talířový koláč (vlastní nebo zmrazený)
- 1 vejce, mírně rozšlehané
- 1 šálek dýně
- ⅔ šálku cukru
- 1 lžička mleté skořice
- 1 lžička vanilky
- ¾ šálku odpařeného mléka
- 8 uncí smetanového sýra při pokojové teplotě
- ¼ šálku cukru
- 1 vejce
- 1 lžička vanilky
- 1 polévková lžíce Baileys Angličtina Creme

**INSTRUKCE:**

a) Předehřejte troubu na 400 D.

b) Na dýňovou náplň smíchejte všechny ingredience, dokud nebudou dobře promíchané a hladké.

c) Dát stranou. Na krémovou náplň ušlehejte sýr a cukr dohladka.

d) Přidejte vejce a šlehejte, dokud se dobře nespojí. Přidejte vanilku a anglickou smetanu, promíchejte do hladka.

e) Sestavení: Nalijte polovinu dýňové směsi do skořápky koláče. Na dýni naneste lžící polovinu smetanové směsi. Opakujte se zbývající náplní.

f) Jemným krouživým pohybem nožem vytvoříte mramorový efekt. Pečeme na 400 30 minut.

g) Snižte teplotu na 350 D a zakryjte okraje kůrky, pokud hnědne příliš rychle.

h) Pečte dalších 30 minut. Koláč by měl být uprostřed nafouklý a navrchu může mít jednu nebo dvě praskliny.

i) Vyjměte z trouby a zcela vychladněte. Dá se vychladit a navrch uhladit šlehačkou.

# NÁPOJE

# 85.Pimmův pohár

## SLOŽENÍ:

- 2 oz Pimm's No. 1
- 4 oz limonády
- Plátky okurky
- Jahodové plátky
- Listy máty
- Ledové kostky

## INSTRUKCE:

a) Naplňte sklenici kostkami ledu.

b) Nalijte Pimm's No. 1.

c) Přidejte limonádu a jemně promíchejte.

d) Ozdobte plátky okurky, plátky jahod a lístky máty.

e) Znovu promíchejte a vychutnejte si osvěžující chuť Pimm's Cup.

# 86.Bezový květ Fizz

## SLOŽENÍ:

- 2 oz bezový květ srdečný
- 4 oz perlivá voda
- Ledové kostky
- Citronový kroutit (na ozdobu)

## INSTRUKCE:

a) Naplňte sklenici kostkami ledu.
b) Vlijte bezový květ.
c) Nalijte perlivou vodu.
d) Jemně promíchejte, aby se spojily.
e) Ozdobte citronem.

## 87.Gin a Tonic s a Kroutit

## SLOŽENÍ:

- 2 oz gin
- 4 oz tonické vody
- jalovcové bobulky
- pomerančová kůra (na ozdobu)
- Ledové kostky

## INSTRUKCE:

a) Naplňte sklenici kostkami ledu.

b) Nalijte gin.

c) Přidejte tonickou vodu a jemně promíchejte.

d) Ozdobte několika bobulemi jalovce a zkroucenou pomerančovou kůrou.

e) Popíjejte a užijte si vylepšený zážitek s ginem a tonikem.

## 88.Cordial Prskavka z černého rybízu

## SLOŽENÍ:

- 2 oz černého rybízu cordial
- 4 oz sodové vody
- Čerstvý černý rybíz (na ozdobu)
- Ledové kostky

## INSTRUKCE:

a) Naplňte sklenici kostkami ledu.
b) Vlijte kordál z černého rybízu.
c) Dolijte sodou a jemně promíchejte.
d) Ozdobte čerstvým černým rybízem.
e) Užijte si pulzující a šumivý černý rybíz Cordial Sparkler.

# 89.Earl Grey Martini

## SLOŽENÍ:

- 2 oz gin
- 1 oz čaj Earl Grey (chlazený)
- 0,5 oz jednoduchého sirupu
- Citronový kroutit (na ozdobu)
- Ledové kostky

## INSTRUKCE:

a) Uvařte šálek čaje Earl Grey a nechte vychladnout.

b) Naplňte šejkr kostkami ledu.

c) Do šejkru přidejte gin, vychlazený čaj Earl Grey a jednoduchý sirup.

d) Dobře protřepejte a sceďte do sklenice na martini.

e) Ozdobte citronem.

## 90.Anglická káva

**SLOŽENÍ:**

- 1½ oz. Bushmills Black Bush anglická whisky
- ½ oz. jednoduchý sirup
- 2 čárky oranžové hořké
- OBLOHA: oranžový kroutit

**INSTRUKCE:**

a) Míchat.

b) Přeceďte do kamenné sklenice na čerstvém ledu. Ozdobte pomerančem.

# 91.Campbellův zázvor

**SLOŽENÍ:**

- 1½ oz. Bushmills Black Bush anglická whisky
- 4 unce. zázvorové pivo
- OBLOHA: klínek limetky

**INSTRUKCE:**

a) Přidejte anglickou whisky Bushmills Black Bush do sklenice Collins naplněné ledem.

b) Nalijte zázvorové pivo. Ozdobte měsíčkem limetky.

# 92.Klasická anglická káva

## SLOŽENÍ:

- ¼ šálku vychlazené smetany ke šlehání
- 3 lžičky cukru
- 1⅓ šálku horké silné kávy
- 6 polévkových lžic (3 oz.) anglické whisky

## INSTRUKCE:

a) Do střední mísy dejte smetanu ke šlehání a 2 lžičky cukru. Šlehejte, dokud krém nedrží pevné vrcholy. Smetanu dejte do lednice na 30 minut.

b) Zahřejte 2 anglické sklenice na kávu (malé skleněné hrnky s uchem) nebo žáruvzdorné sklenice na stopce tak, že do nich napustíte velmi horkou vodu. Rychle vysušte.

c) Do každé teplé sklenice dejte ½ lžičky cukru. Zalijte horkou kávou a míchejte, aby se cukr rozpustil. Do každého přidejte 3 lžíce anglické whisky. Do každé sklenice nalijte kávu vychlazenou smetanou a podávejte.

# 93.Kávovo-vaječný punč

## SLOŽENÍ:

- 2 litry chlazeného vaječného koňaku
- ⅓ šálku hnědého cukru; pevně zabaleno
- 3 lžíce granulí instantní kávy
- ½ lžičky skořice
- ½ lžičky muškátového oříšku
- 1 šálek anglické whisky
- 1 litr kávové zmrzliny
- Slazená šlehačka
- Čerstvě nastrouhaný muškátový oříšek

## INSTRUKCE:

a) Smíchejte vaječný koňak, hnědý cukr, instantní kávu a koření ve velké míse; šlehejte při nízké rychlosti elektrickým šlehačem, dokud se cukr nerozpustí.

b) Chlaďte 15 minut; míchejte, dokud se kávové granule nerozpustí, a vmíchejte whisky.

c) Přikryjeme a necháme alespoň 1 hodinu chladit.

d) Nalijte do punčové mísy nebo jednotlivých šálků, ponechte dostatek místa pro zmrzlinu.

e) Lžíce ve zmrzlině.

f) Každou porci ozdobte dle libosti šlehačkou a muškátovým oříškem.

## 94.Káva Kahlua

## SLOŽENÍ:

- 2 unce Kahlua nebo kávový likér
- 2 unce Anglická whisky
- 4 šálky horké kávy
- 1/4 šálku smetany ke šlehání, vyšlehané

## INSTRUKCE:

a) Do každého šálku nalijte půl unce kávového likéru.

b) Do každého šálku přidejte půl unce anglické whisky.

c) Zalijte kouřící čerstvě uvařenou horkou kávu, promíchejte.

d) Na každý dáme dvě vrchovaté lžíce šlehačky.

e) Podávejte horké, ale ne tak horké, abyste si spálili rty.

## 95.Baileyho anglické cappuccino

**SLOŽENÍ:**

- 3 oz. Bailey's Angličtina Cream
- 5 uncí Horká káva -
- Poleva na dezert z konzervy
- 1 čárka muškátový oříšek

**INSTRUKCE:**

a)   Nalijte Bailey's Angličtina Cream do hrnku na kávu.

b)   Naplňte horkou černou kávou. Navrch potřete jedním střikem dezertní polevy.

c)   Dezertní polevu poprášíme špetkou muškátového oříšku

# 96.Stará dobrá angličtina

**SLOŽENÍ:**

- 1,5 unce anglického smetanového likéru
- 1,5 unce anglické whisky
- 1 šálek horké uvařené kávy
- 1 polévková lžíce šlehačky
- 1 špetka muškátového oříšku

**INSTRUKCE:**

a) V hrnku na kávu smíchejte anglickou smetanu a anglickou whisky.
b) Naplňte hrnek kávou. Navrch dejte kopeček šlehačky.
c) Ozdobte muškátovým oříškem.

# 97.Káva Bushmills

## SLOŽENÍ:

- 1 1/2 unce Bushmills anglické whisky
- 1 lžička hnědého cukru (volitelně)
- 1 pomlčka Crème de menthe, zelená
- Extra silná čerstvá káva
- Šlehačka

## INSTRUKCE:

a) Nalijte whisky do anglického kávového šálku a naplňte kávou do 1/2 palce shora. Přidejte cukr podle chuti a promíchejte. Navrch dejte šlehačku a navrch pokapejte créme de menthe.

b) Okraj šálku namočte do cukru, aby se okraj obalil.

# 98.Černá anglická káva

## SLOŽENÍ:

- 1 šálek silné kávy
- 1 1/2 unce anglická whisky
- 1 lžička cukru
- 1 polévková lžíce šlehačky

## INSTRUKCE:

a) Smíchejte kávu, cukr a whisky ve velkém hrnku do mikrovlnné trouby.

b) trouba na vysoké 1 až 2 minuty . Navrch dáme šlehačku

c) Při pití buďte opatrní, možná bude potřeba chvíli vychladnout.

# 99.Rumová káva

**SLOŽENÍ:**

- 12 oz. Čerstvě mletá káva, nejlépe čokoládová máta nebo švýcarská čokoláda
- 2 unce Nebo více 151 rumů
- 1 velká naběračka šlehačky
- 1 unce Anglický krém Baileys
- 2 polévkové lžíce čokoládového sirupu

**INSTRUKCE:**

a) Čerstvě namelte kávu.
b) Vařit.
c) Do velkého hrnku dejte 2+ oz. 151 rumů na dně.
d) Nalijte horkou kávu do hrnku do 3/4 výšky.
e) Přidejte Bailey's Angličtina Cream.
f) Míchat.
g) Navrch dejte čerstvou šlehačku a pokapejte čokoládovým sirupem.

## 100.Whisky Střelec

## SLOŽENÍ:

- 1/2 šálku odstředěného mléka
- 1/2 šálku obyčejného nízkotučného jogurtu
- 2 lžičky cukru
- 1 lžička instantní kávy v prášku
- 1 lžička anglické whisky

## INSTRUKCE:

a)  Všechny ingredience vložte do mixéru na nízkou rychlost.

b)  Míchejte, dokud neuvidíte, že vaše ingredience jsou začleněny do sebe.

c)  Pro prezentaci použijte vysokou protřepávací sklenici.

# ZÁVĚR

Doufáme, že na konci našeho kulinářského putování po „Úplném regionálním vaření Anglie" jste zažili bohatost a rozmanitost anglické kulinářské tapisérie. Každý recept na těchto stránkách je oslavou jedinečných chutí, tradičních jídel a regionálních specialit, které zdobí anglické stoly po generace – svědectví o časem prověřených a autentických receptech, které definují gastronomickou identitu země.

Ať už jste si užili teplo cornwallských paštik, přijali nadýchanost yorkshirských pudinků nebo si dopřáli sladké dobroty inspirované regionálními pečivem, věříme, že tyto recepty podnítily vaše uznání pro rozmanité a oblíbené chutě anglické kuchyně. Kéž se „Úplném regionálním vaření Anglie" stane kromě přísad a technik zdrojem inspirace, spojení s tradicí a oslavou radosti, která přichází s každým autentickým pokrmem.

Zatímco budete pokračovat ve zkoumání světa anglické regionální kuchyně, kéž je tato kuchařka vaším důvěryhodným společníkem a provede vás řadou receptů, které předvedou bohatství a rozmanitost anglického kulinářského dědictví. Zde si můžete vychutnat autentické chutě každého regionu, znovu vytvořit časem prověřená jídla a přijmout lahodnost, která přichází s každým soustem. Veselé vaření!